中央高校基本科研业务费专项资金资助

Supported by "the Fundamental Research Funds for the Central Universities"

先设消解机制的分析

刘　强／著

北京语言大学出版社
BEIJING LANGUAGE AND CULTURE UNIVERSITY PRESS

图书在版编目(CIP)数据

先设消解机制的分析/刘强著．—北京：北京语言大学出版社，2011.6
ISBN 978-7-5619-3043-4

Ⅰ.①先… Ⅱ.①刘… Ⅲ.①语言学—研究
Ⅳ.①H0

中国版本图书馆 CIP 数据核字（2010）第 111162 号

书　　名：先设消解机制的分析
中文编辑：徐　雁
英文编辑：孙玉婷
责任印制：汪学发

出版发行：北京语言大学出版社
社　　址：北京市海淀区学院路 15 号　　邮政编码：100083
网　　址：www. blcup. com
电　　话：发行部　82303650/3591/3651
编辑部　82303647/3592
读者服务部　82303653/3908
网上订购电话　82303668
客户服务信箱　service@ blcup. net
印　　刷：北京联兴盛业印刷股份有限公司
经　　销：全国新华书店

版　　次：2011 年 6 月第 1 版　2011 年 6 月第 1 次印刷
开　　本：710 毫米 ×1000 毫米　1/16　印张：12
字　　数：191 千字
书　　号：ISBN 978-7-5619-3043-4/H·11083
定　　价：30.00 元

前　言

“先设”这个概念首先是由德国著名哲学家和逻辑学家弗雷格（Frege）于1892年提出的。它最初只是哲学研究的重要话题。最近三十年，先设才被引入语言学研究。由于先设提出了语义学中的一些根本性问题，特别是解释语义学和语用学之间——即定义和使用之间——的关系问题，所以先设成为语义学和语用学研究的基本课题。

本书共分七章。第一章为导论，简述先设的定义、先设研究中的基本概念、先设研究的意义以及理论研究的背景和研究方法。着重介绍了先设的确定，以及先设的两种测试方法，即否定测试法和先设测试组方法。先设的早期研究是从语义的角度入手的，其分析手段是静态的，并且脱离语境。随着对先设本质的理解进一步加深，人们发现依靠纯粹的逻辑语义理论无法解释一些先设的问题，于是研究者在语义研究的基础上，将说话者、语境与命题一起作为解读先设的因素，这就形成了先设的语用研究。

第二章介绍了先设的动态理论研究，主要介绍了目前在该研究领域中最具影响力的两个理论，即先设的约束理论和语境满足理论。这两个理论都是基于动态语义理论的，分别是话语表达理论和文档变换语义理论。这两个动态语义理论摆脱了传统的蒙太古语义理论的静态分析手段，采用了和语境相结合的动态手段分析语篇中的照应现象。从这两种动态语义理论扩展出来的先设约束理论和语境满足理论都将语境的因素纳入到先设的解读中。不过，由于这两种动态语义理论所固有的差别，先设的约束理论和语境满足理论在分析方法上存在着很大的差别。我们认为约束理论更适合于语篇分析，更易于揭示先设的语篇功能。

第三章介绍了本书所分析的语料和分析方法，并且展示了分析结果。同时还介绍了本书所分析的几种有代表性的击发语。

第四章介绍了先设的约束消解。先设的约束理论认为，先设是一种照应语，因此在处理先设时我们采用与话语表达理论处理代词照应语相同的方法，这就是先设的消解。本书分析的结果表明，先设的约束理论可以准确地反映出话语参与者对先设信息的理解。不过，代词照应表达形式和先设照应表达形式之间也存在着一定的差异，表现在先设比代词照应语有更多的话语功能。受约束的先设和代词照应表达形式在语篇中起到的语篇效果也有所不同。先设在语篇中的表现取决于击发语的表达形式和先设表达式的语义类。

第五章介绍了先设的纳入消解。约束理论认为先设与代词照应语存在着一个重要差别：如果语篇不能提供一个先行语，那么先设表达式可以通过纳入过程来给自己创造出一个先行语。我们分析了不同击发语的纳入倾向性和纳入操作的准许条件，以及高层次纳入的优先性问题。我们认为，先设击发语的语义类型和击发语相关的断言信息，以及所击发的先设信息是否能够成为说话者话语的焦点都是影响纳入的主要因素。

第六章介绍了先设的架桥消解。先设的约束理论区分了先设的约束和纳入这两个消解机制，但是这两个消解机制还没有完全反映出先设和语境之间的复杂关系。在语篇中存在着先设信息与语篇语境部分的、非完整的联系。这是先设与语篇语境的一种非直接的照应现象，我们称之为架桥照应关系，而先设的照应关系也涉及了架桥关系。因此我们提出架桥消解这个新的消解机制，并且总结了架桥消解的三个特征，进一步丰富了先设的理论研究。

第七章总结全书，归纳主要观点和创新点，同时也指出了本研究的不足之处以及今后研究要解决的问题。

PREFACE

The concept of presupposition was first put forward by the famous German philosopher Frege in the year of 1892. At first it was only an important issue in the field of philosophy. It is only in the recent 30 years that presupposition has been introduced into linguistic studies. Because presupposition gives rise to some fundamental questions in semantics, especially questions about the relationship between semantics and pragmatics, i. e. the relationship between definition and usage, it has become a basic target of both semantic studies and pragmatic studies.

The book is composed of seven chapters. The first chapter introduces the definition of presupposition, the basic concepts in presupposition studies, the significance of the studies, the theoretical backgrounds and the approaches to the studies. Two major presupposition tests are illustrated, i. e. the negation test and PTB. Early studies of presupposition took a semantic approach, using static devices and neglecting context. As the understanding of the nature of presupposition is further developed, people find out that some problems of presupposition cannot be solved in terms of logic semantics. Therefore, researchers started taking speakers, context and propositions into consideration, which leads to the pragmatic studies of presupposition.

Chapter Two introduces the recent theoretical development of presupposition. There are currently two most influential theories of presupposition, i. e. Binding Theory and Context Satisfaction Theory. These two theories are based on two dynamic semantic theories, i. e. Discourse Representation Theory and File Change Semantics. These two dynamic semantic theories go beyond the traditional Montague static semantics, adopting a dynamic and context-oriented approach to the anaphoric phenomena in discourses. Developed from these two dynamic semantic theories, both Binding Theory and Context Satisfaction Theory apply context into the interpretation of presupposition. Due to the differences between these two dynamic theories, there are also differences between Binding Theory and Context Satisfaction Theory. We believe that Binding theory is more suitable for discourse analysis and for disclosing the discourse functions of presupposition.

Chapter Three introduces the corpus and methods used in the present study. The result of the study is illustrated. Presupposition triggers used in the present study are also introduced.

Chapter Four introduces the binding resolution. Binding theory claims that presupposition is anaphoric. Therefore, in dealing with presupposition, we adopt the same method as DRT's treatment of pronominal anaphora, which is presupposition resolution. Our analysis shows that Binding Theory can correctly reflect the participants' perception of presupposition. However, presupposition possesses more discourse functions than pronominal anaphora and behaves differently from pronominal anaphora, which is determined by triggers' expressions and semantic types of triggered presuppositions.

Chapter Five introduces the accommodation resolution. Binding theory claims that there is a big difference between presupposition and pronominal anaphora. If the discourse fails to provide an antecedent for the presupposition, it can create one through accommodation. Different trigger types display different tendencies, preferences and licensing conditions of accommodation. We believe that the semantic types, assertions related to triggers and whether presupposed information can be the focus of participants can explain those differences.

Chapter Six introduces the bridging resolution. The aforementioned two resolutions cannot reveal all the relationships between presuppositions and contexts. There exists a partial connection between them in discourses, which is an indirect anaphoric relation and is called bridging. Therefore, we put forward the bridging resolution as a new resolution and summarize its three features so as to enrich the theoretical studies of presupposition.

Chapter Seven presents a summary and points out the problems that remain unsolved and need further studies.

目　　录

第一章
导　论

"先设"最初是哲学界探讨的一个问题。从20世纪50年代起，语言学界开始关注先设的问题。半个世纪以来，语言学家们提出了许多关于先设的理论和观点。不同的理论对先设的确定、分析和解读等问题有不同的处理方法。对这些不同的处理方法进行比较有助于我们更为深入地了解先设的本质。不过遗憾的是，先设的理论研究大多忽视了实际的语篇分析，包括口语语篇的分析。本书希望借助对自然语境中语篇的分析来找出先设理论中的问题，并借此丰富先设的理论研究。

1.1 先设的确定

目前对先设有一个共识，那就是先设是一种特殊的信息，它和某些词汇以及句子结构相关，也就是说，被这些词汇和句子结构击发。比如：

(1) 吴平的别墅就在海边。他后悔买了它。

例(1)中有两个先设击发语："吴平的别墅"和"后悔……"。第一个是表领属的名词短语，击发的先设是"吴平有个别墅"。第二个由叙实性动词所引发，它先设动词后面信息的真实性。在该句中先设"他买了它(别墅)"。将一个句子中的先设信息和断言信息区分开来的最简单、最传统的方法就是否定该句。这就是先设的"否定测试法"。下面就是对例(1)的否定：

(2) 吴平的别墅不在海边。他并不后悔买了它。

尽管（2）中的两个句子都被否定了，但是从中我们仍然可以推断出“吴平有个别墅”和“他买了它（别墅）”，而所推断出的信息就是先设。早期的理论把先设描述为能从否定中生存下来的推断。我们通常说先设可以从否定的语境中投射出来，即它不在否定的辖域中进行解读。这与断言相反。比如：

（3）吴平的别墅有个游泳池。

（4）吴平的别墅没有游泳池。

（3）先设“吴平有个别墅”，这是由表领属的名词短语所击发的，它同时断言“吴平的别墅里有个游泳池”。如果我们把该句加以否定，使它成为（4），那么先设信息不受否定的影响，但是断言的信息则不然。结果是我们仍然可以推断出“吴平有个别墅”，但是不会再把“吴平的别墅里有个游泳池”当做是真了。总之，先设可以从否定中生存下来，而断言则不行。通过否定一个句子并且观察哪些信息可以生存下来，我们通常就可以把断言和先设区分开来。

否定测试法并不是检测句子先设的唯一方法，因为它并不总是能达到检验先设的目的。这是由先设的一个特殊性质所决定的：先设总是要从各种内嵌结构中投射出来，不光是否定。这一属性是断言所不具备的（Karttunen，1971；Beaver，2001）。比如，先设可以在其他种类的逻辑内嵌中生存下来，或者说投射出来，如条件句、模态语境和命题态度语境。如果我们把上面的例子嵌入到不同的语境中，先设依然能够生存下来。比如：

（5）如果吴平的别墅在海边的话，那他就会后悔买了它。

（6）或许吴平的别墅在海边。他可能后悔买了它。

在（5）中，“如果……那么……”构成了一个条件陈述句。在（6）中，“或许”、“可能”是模态算子。在这两句中，先设的信息仍然存在。卡图南（Karttunen，1971）首先提出通过模态算子和其他种类的内嵌来确定先设，而不用单纯依靠否定测试法。从他开始，一些学者提出了几套确定先设的测试方法。其中包括格乌茨（Geurts，1999）提出的“先设测试组”（Presupposition Test Battery，简称 PTB）和奇切亚、麦克康奈尔－吉奈特（Chierchia & McConnell-Ginet，1990）所提出的 S－类测试法。这些测试法有两个重要的功能：首先是能帮助我们确定单个句子的先设，其次能帮助我们确定是哪些词汇和句子结构承担先设击发语的任务。这一点很重要，因为对哪些词汇和句子结构击发先设，以及哪些是被击发的先设一直存在分歧。格乌茨的 PTB 是更为完备的测试法。要测试某个词、短语或结构是否是先设击发语，我们首先要通过测试看它是否能在所有的内嵌中生存下来。（7）总结了一些 PTB 测试法使用的内嵌语境。如果一个话语 Φ 先设 Ψ，我们可以写成 Φ {Ψ}（Geurts，1999：6）：

（7）a. not Φ {Ψ}

b. it is possible that Φ {Ψ}

c. a believes that Φ {Ψ}

d. if Φ {Ψ} then Ω

e. either Φ {Ψ} or Ω

格乌茨指出，有些内嵌结构会使一些先设推断比其他更强一些，不过通常先设会从否定和模态语境中投射出来，就像上面的（7）a 和（7）b。

我们可以变换内嵌结构以确定先设是否能够生存下来。在下面的例子中，我们列出一些先设击发语：叙实性动词、状态变化动词、强调句式、表示类同的词语和有定名词短语结构。首先，a 句是包含一个击发语，但是没有内嵌结构的句子。b 句是和 a 句同样的句子，但是放在（7）中的一个内嵌结构中。c 句是击发的先设。

（8）叙实性动词“知道”：

a. 他知道班车取消了。

b. 他不知道班车取消了。

c. 班车取消了。

（9）状态变化动词“开始”：

a. 他们开始布置会场了。

b. 也许他们开始布置会场了。

c. （之前）他们没有布置会场。

（10）强调句式：

a. 是老张昨天批评的小李。

b. 吴平相信是老张昨天批评的小李。

c. 某人昨天批评了小李。

（11）表示类同的词语“也”：

a. 他也没有带雨伞。

b. 如果他衣服是湿的的话，那么他也没有带雨伞。

c. 除了他之外，还有人没有带雨伞。

（12）有定描写：

a. 这辆车干脆贱价卖了。

b. 这辆车要么干脆贱价卖了，要么扔了得了。

c. 存在着一辆特定的车。

在上面的例子中，先设都从内嵌的结构中投射了出来。不过在实际情况中，先设并非这么简单。它们并不总是可以投射出来。在下面的（13）和（14）这两个复合句中，先设“吴平有个别墅”和“吴平参加了小王的婚礼”就不能投射出来：

（13）如果吴平有个别墅的话，那么他的别墅就在海边。

（14）也许吴平参加了小王的婚礼，并且他后悔参加了小王的婚礼。

例（13）并不隐含“吴平有个别墅”，例（14）也不隐含“吴平参加了小王的婚礼”。这两个句子所展示的就是先设理论中最有名的问题，即先设的投射问题。这个问题的核心就是我们如何确定简单句中的先设可以投射出来成为复合句的先设。许多关于先设的理论都试图解决这个问题。（13）句中的先设之所以没有投射出来是因为其真值在这个条件句的先行小句中受到了质疑。这个原因也同样适用于（14）句。

由于先设本质上的这种语境依赖性，我们需要测试先设击发语的这种特性。格乌茨的 PTB 中有专门测试复合句的语境依赖性的部分。如果一个句子可以内嵌在下面（15）中的一个模式中而没有使击发的先设投射出来，我们可以认为它是个真正的先设击发语（Geurts，1999：6）。

（15）a. if Ψ then Φ $\{\Psi\}$

b. it is possible that Ψ and Φ $\{\Psi\}$

c. either not Ψ or Φ $\{\Psi\}$

（13）展示的是（15）a 的模式，而（14）展示的是（15）b 的模式。当先设在这些语境中被击发时，它们无法投射出来。

在解决复合句先设的击发问题时，人们认识到先设是否能够投射取决于它们所在的语境的信息。如何解读复合句中的先设实质上是如何解读语境中的先设。先设的早期研究大多数试图解决单个句子层面上的先设投射问题，这是因为当时的语义理论主要处理的是单句问题。但是要正确地解读先设我们需要找出一个途径，它能够解释语篇的语境对先设解读所起到的效果，也就是说，我们需要一个框架，它能够表现整个语篇的信息。

PTB 测试法的最后部分是用来测试先设在语境中是否能够被否定或者被撤销。我们来举一个格乌茨（Geurts，1999：6）使用的例子：

（16） a. It isn't Betty who kissed Fred—in fact, Fred wasn't kissed at all.

b. It's possible that it's Betty who kissed Fred, but it's also possible that he wasn't kissed at all.

（16）a 和（16）b 所展示的是强调句（it-cleft）中的先设。在这两个句子中先设均被否定和撤销。在（16）b 中，先设被内嵌在一个模态算子的语境中。在这两个语境中先设本应该投射出来，但是句子后一个分句的语境信息阻挡了先设的投射。

从语义上来看，不同的理论对先设信息的性质有不同的定义。传统的理论观点是，先设是被含有击发语的句子所蕴涵的命题，或者被认为是说话者或一个语句所隐含的命题。那么从信息的角度来看，先设又是什么呢？它们既可以是已知信息也可以是新信息，不过它们总是被处理为已知信息，其真值被认为是理所当然的。这就是说话者要传达给受话者的信息。实际上，说话者不必相信先设的信息为真，他只是在对话持续阶段中姑且认为先设信息为真。

1.2 先设的语义和语用研究

“先设”这个概念首先是由德国著名哲学家和逻辑学家弗雷格（Frege）于 1892 年提出的。它最初只是哲学研究的重要话题。他认为，无论什么命题在被断言时都存在着“一个理所当然的先设”，即“充当命题主项的简单或者复合的专有名词都必须具有指称对象”，否则该命题便毫无意义。弗雷格在他的那篇关于含义和指称的经典文章中举了一个例子：

(17) a. Kepler died in misery.

b. Kepler died in misery ∧ Kepler designates something.

(18) a. Kepler did not die in misery.

b. Kepler did not die in misery ∨ the name Kepler has no reference.

这里要注意的是，弗雷格区分了先设信息和断言信息。弗雷格认为，当有人断言（17）a 时，他必定会有这样的先设：专有名词 Kepler 有所指。（17）a 和它的否定句（18）a 都先设“Kepler 这个名字有所指”。每一个具有主语的句子，无论是肯定句还是否定句，都先设这个主语的所指的存在。不过，他认为这个先设不是该句意义的一部分，否则我们就要把它翻译成逻辑公式（17）b，而它的否定句（18）a 就得翻译成（18）b。（17）a 并不蕴涵 Kepler 这个人的存在，否则（17）a 的否定句就不会是（18）a［这是因为（18）a 仍然保留着该先设］，而是（18）b 的析取。弗雷格分析句子时是遵循他所提出的组合性原则，即一个句子的意义是该句子的组成成分的意义和它们的组合方式的函数。这个原则被称为“弗雷格原则”。这种分析的结果就是如果一个句子中的任何一个部分没有指称对象，那么整个句子就没有真值。这样，如果被先设的部分不为真时，那么按照组合性原则，整个句子就存在一个真值空缺。弗雷格认为说话者应该避免使用没有指称的表达形式。

罗素（Russell）注意到了弗雷格分析中的问题。他力图避免使句子含有没有指称的成分从而导致真值空缺。因此，他提出了著名的有定描写理论（1905）。在该理论中，罗素把名称重新分析为量化表达式，而不是指称表达式。

罗素并不接受弗雷格的观点，他认为按照逻辑学中的排中律，要么“A 是 B”为真，要么“A 不是 B”为真。举例来说，要么（19）为真，要么（20）为真：

(19) The king of France is bald.

(20) The king of France is not bald.

罗素认为，像“the king of France”这样一种有定描写的词语在自然语句中常常是主语，但在相应的逻辑公式中不是主语，而是并列的一组命题，(19) 的逻辑公式可以翻译成 (21)，即：

(21) $\exists x [\text{King}'(x) \wedge \neg \exists y [(y \neq x) \wedge \text{King}'(y)] \wedge \text{bald}'(x)]$

(22) There is a present king in France.

从 (21) 中可以看出，它是由三个并列的命题组成，即 1) 有一个个体 x 存在，x 为法国国王；2) 不存在一个个体 y，y 是法国国王并且 y 不同于 x（也就是说法国国王是特指的）；3) x 是秃子。如果第一个命题，即“有位法国国王”为假的话，根据合取式的真值条件，(21) 即为假。不过罗素认为，虽然该句为假，它仍然有意义，并且蕴涵 (22)，只要一个句子有意义，它必须有一个值，或是真，或是假（方立，2000：299）。要注意的是，按照罗素的表达式，我们无法将有定描写所提供的信息和其他部分所提供的信息区别开来。也就是说，他的分析方法不能区分先设信息和断言信息。

罗素的分析理论在半个世纪的时间内占据统治地位，后来代表日常语言学派的斯特劳森（Strawson）开始对罗素提出了挑战。和罗素一样，斯特劳森也认为 (19) 是有意义的，但是有意义和没有意义是句子的性质，而指称和真值则是句子所作出的陈述的性质。斯特劳森认为，由于罗素将句子和句子的使用（即陈述）混为一谈，所以他才认为 (19) 有明确的意义，并且有明确的真假值。按照斯特劳森的观点，句子无所谓真假，陈述才有（Strawson，1950；周礼全，2000）。在二百多年前说这句话为真，因为当时法国有国王；而现在说则为假，因为现在法国是共和国。

斯特劳森的观点与弗雷格的观点基本一致。他认为，否定并不影响句子的主语，像 (20) 这样的否定陈述是没有歧义的。对罗素来说，如果法国没有国王的话，(20) 就为假。按照斯特劳森的观点，某人说出 (20) 并不代表他承认有一个法国国王存在，他并非断言 (22) 这个相应的存在命题，而是和说 (19) 一样，先设 (22)。他认为，句子先设的真值应当被看做是这个句子获得真值的要求。这就意味着斯特劳森支持真值空缺的存在。对他的分析的逻辑解释要求采用非传统的逻辑分析法。这样做的结果导致了一些实际问题。不过他的分析又重新区分了先设信息和断言信息。

从20世纪50年代开始，先设才被引入语言学研究。由于先设提出了语义学中的一些根本性问题，特别是解释语义学和语用学之间——即定义和使用之间——的关系问题，所以先设成为语义学和语用学研究的基本课题。对先设的研究分为狭义和广义两个方面（徐盛桓，2001：377）。从狭义上研究先设，是将先设纳入到真值条件理论，在蕴涵的语义关系下开拓一种新的不同性质的语义关系，这就是语义先设。从广义上研究先设，是将先设看成是交际双方预先设定的先知信息，即语用先设（何自然，2004：139～142；何兆熊，2000：296～298；姜望琪，2000：93～96）。

1.2.1 语义先设

在语义先设的研究里，先设是依据真值条件来解释的，而真值条件则是按照弗雷格的组合性原则（即一个句子的整体意义是它的部分意义及其组成方式的函数）进行计算的，这个计算过程是静态的，并且是独立于说话者和语篇的语境之外进行的。在创建语义先设的理论时，语言学家们围绕着蕴涵和先设这两个新的语言学问题作了大量的研究工作，焦点首先集中在语义蕴涵上。语义蕴涵也被称为逻辑蕴涵。他们认为，两个句子的先设关系实质上是一个蕴涵关系。语义蕴涵可以定义为：

（23）句A语义蕴涵句B当且仅当在任何情况下，A为真，B也为真。

对语义学研究来说，这个关系是非常关键的。它包括了逻辑真值，而且其他诸如等值、矛盾等语义关系也可以借助它来定义。语义先设的研究也是在此基础上展开的。语义先设可以定义为：

（24）句A语义先设句B当且仅当：

a. 在任何情况下，A为真，B也为真。

b. 在任何情况下，A为假，B也为真。

很明显，定义（24）必然会要求我们对逻辑真值理论进行根本的修改，使其更好地处理自然语言中的语义问题。我们先看一下这个基于传统的逻辑理论的论证过程（Levinson，1983：175）：

（25）1. A 先设 B

2. 因此，按照定义（24），A 蕴涵 B，并且 ~A 也蕴涵 B

3. （a）每个句子 A 都有一个否定句 ~A

（b）A 为真或 A 为假（二值逻辑）

（c）A 为真或 ~A 为真（否定）

4. B 必然永远为真

假设 A 是“The king of France is bald”，B 为“There is a present king of France”，上述基于传统逻辑论证的结论就是“The king of France exists（存在着法国国王）”是一个永真句。现在我们要处理的是当先设失败时，句子应该是非真亦非假。为了避免出现（25）那样的结论，一些传统的逻辑理论就需要被放弃。这正是偏序逻辑（或偏函逻辑）研究的焦点。按照偏序逻辑，我们可以将语义先设的定义（24）与逻辑理论进行协调，放弃仅有真和假的二值理论，采用三值逻辑，即真、假和非真非假。在某些语境下，我们可以给有意义的陈述句赋予非真非假的值。另一种做法是仍然保留传统的二值逻辑，同时引入真值空缺的概念。凯姆森（Kempson，1975：86）认为，仅在句子中的没有所指的主语或话题出现在指称位置时，真值空缺才会出现。但是，尽管这些非传统的逻辑理论可以正确地应用于一些简单的例子中，它们却无法把语境因素包括进去。由于先设的解读高度依赖于语境，那么试图用一个脱离语境的模式来解释先设显然是不正确的（Gazdar，1979；Van der Sandt，1988）。

可以看出，为了将先设引入真值条件理论中，先设被当做了一种特殊的蕴涵关系，并独立于语境之外。按照其定义，其逻辑结果关系不受否定的影响。但是，这种关于先设的语义学理论是有缺陷的。主要是它无法解释先设的可废除性（即先设失败）和投射问题。

先设的可废除性是指在某些语境中先设会消失，即根据人们共有的背景知识，或者根据话语的语境得知某一先设为假，说话人就不会认为该先设为真，先设就会被废除。例如：

（26）我没有戒烟，实际上我根本不抽烟。

在（26）中，“我没有戒烟”先设“我一直在抽烟”，但是根据第二个分句的意思，这一先设就不存在了，这是话语的语境取消先设的例子。

显然，一个先设可以由一个语言表达式引发出来，但一个先设只有在我们的世界知识所允许的情况下才能成立。说话人在某一语境中如果持有与先设不一致的信念就会使先设废除，即先设的成立与否取决于语境或背景知识（沈家煊，1993）。不过沈家煊（1990）认为在一般情形下简单肯定句的先设是不可撤销的。先设消失的情况主要发生在否定形式下，但这时在否定小句后必须有后续小句说明先设为假。袁毓林先生认为这是否定表达的缺省约定，即否定句的先设一般总是真的，除非有后续小句公开否定或取消其真实性（袁毓林，2000）。

投射问题起源于弗雷格的关于句子整体意义的构成原则，即组合性原则。那么，一个复合句的先设是否就是它的组成部分的先设并集呢？从先设的可废除性我们可以看出，复合句的先设不可能是各个部分的先设简单相加的结果，这就是投射问题，表现在不是所有子句的先设都能上升为母句的先设。

卡图南是最早对先设的投射进行系统性研究的人。他区分了三种结构，并设计出三种影响先设的词语，或者说算子（Karttunen，1973）。

1.2.1.1 通启算子（Holes）

通启算子是指允许子句的先设投射进母句中的算子。它包括叙实性动词（如：regret，know，realize，be sorry that，be proud that 等）、模态算子（如：ought，should）以及否定词等。通启算子跟词的性质和句子的结构有关。比如：

(27) a. He realizes that the king of France is wise.

b. He doesn't realize that the king of France is wise.

c. It is possible that the king of France is wise.

d. It is not possible that the king of France is wise.

e. There is a king of France.

上面的（27）a 和它的否定句（27）b 都含有叙实性动词 realize，二者子句的先设都是（27）e，（27）e 能够投射进母句，成为整个句子的先设。（27）c 和它的否定句（27）d 都含有模态算子 possible，二者子句的先设也都是（27）e，和（27）a、（27）b 的情况一样，（27）e 也能成为（27）c 和（27）d 的整个句子的先设。

1.2.1.2 阻断算子（Plugs）

阻断算子与通启算子正相反，它阻挡子句的先设上升为整个句子的先设。它包括表达命题态度的动词（如：want，believe，imagine，dream 等）以及所有表示“说话”的动词（如：say，tell 等）。比如：

（28）David claims that he is the king of France.

（29）David believes that he is the king of France.

（30）He imagines that he is the king of France.

上面这三个句子的子句都有一个先设，即（27）e，但是由于（28）含有表示“说话”的动词 claim、（29）和（30）含有表达命题态度的动词 believe 和 imagine，这样它们子句的先设被阻挡，没有上升成为整句的先设。

1.2.1.3 启断算子（Filters）

启断算子兼有通启算子和阻断算子的特征，在某些条件下，它们会允许母句继承子句的先设，有时则不允许。连接词如 and，or，if...（then）就是启断算子。比如：

（31）If John made coffee，his wife will be happy.

（32）If John is married，his wife will be happy.

（33）John has a wife.

以上条件句（31）和（32）中，if...（then）就表现出启断算子的特征。（31）的先设是（33），而（32）的先设则不是（33）。其通启条件是：

（34）a. 在“if p（then）q 以及 p and q”的句式中，整个句子会继承各个组成部分的先设，除非 q 先设 r，并且 p 蕴涵 q 的这个先设 r。

b. 在“p or q”的句式中，整个句子会继承各个组成部分的先设，除非 q 先设 r，并且 ~p 蕴涵 q 的这个先设 r。

用真值和逻辑蕴涵解释先设事实是有相当大的难度的，原因之一就是语义学所研究的是与表达形式相关的固定的静态意义，语义先设是从语义即真值的角度对先设进行研究，因此，这种先设是纯静态的、逻辑抽象的。而由于语句或命题的意义总是与其具体使用相联系，处于一定的语境之中，所以先设不是固定的、静态的。先设作为一种意义，不只是两个句子或两个命题的语义关系，至少它们不全部是逻辑现象（方立，2003；王维贤，1989；范晓，2002）。这表明，对先设进行单纯的语义研究显然不够。正因为如此，一些学者试图从人的言语活动中、从人对话语或命题的使用中研究先设，这就构成了关于先设的语用研究。以此出发来考察与分析先设，便形成了不同于语义先设的语用先设。

1.2.2 语用先设

从20世纪70年代起，对先设的语用学研究便逐渐开展起来。语用先设就是在否定语义先设把先设定义为句子与句子或命题与命题之间的二元关系的基础上产生的。语用先设的一个基本假设是，先设是一种四元关系，即说话人、语境、句子和命题四者之间的关系（方立，2003）。或者说，语义先设是陈述的真或假的必要条件，而语用先设则是话语的合适性条件和听说双方公认无异义的一组命题，或共同知识。语用先设可以定义为：

(35) 话语A语用先设命题B当且仅当A符合合适性条件，并仅当B为谈话参与者所共知。

这样，话语的先设失误或为假时，不会导致真值空缺或非二值逻辑结果，而是造成在某个特定语境的话语使用不当（Stalnaker，1974；Karttunen，1974）。在先设一个命题Φ时，说话者将Φ当做话语语境一个毫无争议的成分，它要求话语语境蕴涵先设信息，这与作一个断言相反（Soames，1989：553）。在断言Φ时，说话者将Φ的附加命题内容引入构成当前语境的一组命题的共同知识中。这个断言会要求将 ~Φ（即not Φ）从可能的选择集合中剔除，并通过减少Φ不能成立的可能世界的数量减小语境集合（该集合由与说话者和听话者共同知识相匹配的可能世界所组成）。概括地说，一个命题被先设当且仅当该命题在语境集合内的所有世界内都被认为是无异义的，即话语语境蕴涵先设命题。

1.3　对投射问题的理论探讨

前面我们介绍了卡图南所提出的影响先设投射的三种算子。除此之外，卡图南还描述了语境信息是如何影响先设的投射的。他讨论了几个世界知识影响先设投射的例子。世界知识和句子中的信息可以共同影响先设的投射。下面的例子所展示的是句内信息是如何影响先设的。如果一个分句里的信息蕴涵着另一个分句的先设信息，那么该先设就不会投射出来。

(36) 如果存在一个法国国王的话，那么这个法国国王就是秃子。

在卡图南的系统中，“如果……那么……（if... then...）”是一个启断算子。我们在前面展示了它的通启条件。这样，在这个例子中，结果小句的先设，即“法国有个国王”被先行小句所蕴涵，因此不能投射出来成为整句的先设。

卡图南（1973）对投射问题的解决方法是把先设处理为句子和语境之间的一种关系。最早把说话者的态度作为一个重要因素考虑进先设理论中去的是斯特内克（Stalnaker，1973、1974）。他认为先设是一个语用现象，“是人，而不是句子、命题或者言语行为产生的先设”(Stalnaker，1974：200)。从语义角度得出的先设被呈现在语义层面上，但是说话者在使用话语时所作出的先设则属于语用层面。这样就区分了语义先设和语用先设。这是关于先设投射问题的一个崭新的观点。由于先设被看做是说话者所作出的一个语用现象，那么一个复合句的先设自然就不是其组成分句的先设相加之和。原因是说话者所作出的先设是参照他目前所提供的信息。如果一个复合句的第一个分句中所断言的信息蕴涵了第二个分句的一个先设，那么这个先设就自然不会被看做是说话者要先设的信息，因为他在当前的话语中已经断言了这个信息。说话者在话语进行中提供的信息都可以被看做是话语剩下部分的先设。在下面的例（37）中，斯特内克会认为说话者在整个句子里并不先设“存在着一个法国国王”，因为他在第一分句中已经对此作出了断言。而在例

(38）中，斯特内克则会认为说话者在说第二个句子时先设“法国有一个国王”。

(37）有一个法国国王，并且这个法国国王是秃子。

(38）有一个法国国王。这个法国国王是秃子。

斯特内克的分析使复合句的各个部分保持了语义上的对称，不过在语用上则不对称。这种不对称性是由对说话者所提供的信息的理解方式所造成的。这样保持了逻辑联结词的标准语义定义，但是按照说话者的目的改变了它们的效果。

卡图南（1974）提出了一个和斯特内克相近的解决先设投射问题的方案。所不同的是，他并不探求句子中到底是哪些先设会被投射出来成为语境的一部分，他想要知道的是语境究竟应该是什么样子才能满足或者说接纳句子和它的先设。语境应该适合于说话者所使用的话语的先设。他把复合句语境的接纳条件和不同的逻辑算子所组成的先设一起来定义。他把一个句子的每个分句称为局部语境。局部语境是当前语境（即该分句所在语境）与前面分句的语境之和。比如，一个条件句的结果分句的局部语境就是当前语境加上该条件句的先行分句所贡献的信息。一个并列句中第二个分句的局部语境就是当前语境加上前一个分句的信息。局部语境应该满足分句中由先设击发语所击发的先设，换句话说，先设应该被它所在的局部语境所接纳。含有先设的句子就这样被一个递归的语境更新机制所解读，而这个机制会计算语境应该是什么样的状态才能使更新发生。例如，在解读由两个简单句所组成的一个并列句时，该句在如下两个条件得到满足时才能使其语境得到更新。首先，起始语境，即第一个分句的局部语境必须通过蕴涵它的先设来接纳该分句的先设信息。此外，接纳了第一个分句的语境连同第一个分句组成了第二个分句的局部语境，并且通过蕴涵它的先设来接纳这个先设信息。否则，语境便不会接纳整个句子。比如在例（36）中，如果我们是从一个空语境 c 开始，这个语境必须接纳该句第一个分句的先设。而目前的情况是还没有一个先设，那么语境就可以由断言的信息进行更新了。更新的语境必须通过蕴涵第二个分句的先设来接纳这个分句。可以看出，先设“存在着一个法国国王”已经在语境中给出，那么这个语境就可以和“这个人是秃子”这条信息一起更新了。卡图南为我们下面要介绍的语境满足法打下了基础。

盖兹达（Gazdar，1979）所提出的理论也探讨了语境对先设投射的作用。盖兹达认为，语境是说话者提供信息的总和。说话者所说的每一个新的句子都会更新语境，其中起关键作用的是一个更新机制，首先生成话语中的所有的蕴涵、潜在的先设和潜在的隐含。盖兹达把这些潜在的先设称为“presupposition”，把潜在的隐含称为“implicature”。这么做是为了把它们和话语中经过更新机制后生存下来的先设和隐含区别开来。语境更新按照信息的种类以特定的顺序发生。如果一条新信息会导致前后信息状态不一致，那么它就不会被加入到语境中。因为更新过程中的每一步都应该与已经处理过的信息保持一致。先加入的信息可以在某种情况下阻碍后面信息的加入，这叫做撤销。被蕴涵的信息首先被加入；然后潜在的等级隐含进行加入测试，以确保这条信息和语境以及蕴涵的信息保持一致；最后，潜在的先设被加入。如果这个潜在的先设恰好和语境相冲突，而目前的语境已经包括那些蕴涵和隐含，这些蕴涵和隐含与处理它们时的语境保持一致，那么这个潜在的先设就会被撤销而永远不会成为整个话语的先设（姜望琪，2000：95）。

盖兹达的理论对先设的投射作出了准确的预测，并且把语境因素纳入到先设的确定过程中。不过，他认为会话隐含能够撤销先设，并且先设信息是话语最后提供的信息的这种看法也引起了争议，有些人认为这种观点不符合我们的语言直觉（Beaver，1997）。

范·德·森德特（Van der Sandt，1989）的理论避免了上面这个问题。森德特把先设看做是句子、先设和语境的三元关系。他通过定义什么是一个可以接受的语篇来解决投射问题。他认为，一个结构合理的语篇必须满足“信息性”（informativity）和“一致性”（consistency）的要求。如果要处理的句子可以在已经包含所击发的先设的语境中进行解读，那么我们就可以预测该句具有这个先设。如果加入了先设的语篇不具有信息性和一致性，那么先设就不能投射。

第二章

先设的动态理论研究

我们在前面提到，先设早期的理论主要是从语义理论的角度出发，用静态的方法处理意义。这些理论推动了新的先设理论的发展。目前的理论是从动态的角度处理先设，认为意义是信息改变语境的方式。当今关于先设的两个最有影响力的理论，即“约束理论”（Binding Theory）和“语境满足理论”（Context Satisfaction Theory）就分别是“话语表达理论”（Discourse Representation Theory）和“文档变化语义理论”（File Change Semantics）这两个动态语义理论的扩展。接下来我们要介绍这两个理论，以及它们经过扩展的用于处理先设的两个理论，即约束理论和语境满足理论。

2.1 话语表达理论

20世纪80年代初，汉斯·坎普（Hans Kamp，1981）提出了“话语表达理论”（Discourse Representation Theory，简称DRT）。它是从蒙太古的模型理论语义学中发展出来的。按照蒙太古的模型理论，话语的意义是通过逻辑式来表达的，并支持对话语真值的计算，而这个计算过程是不依赖于语篇，或者说上下文而进行的，是一个静态的计算过程。话语表达理论则是一种动态地描述自然语言意义的形式语义学理论，旨在克服蒙太古语法和其他形式语义学在处理自然语言句子时的局限。它把传统形式语义学对句子意义的分析扩大到句子系列，即语篇层面；强调语言的动态特征，通过对句子上下文的分析，揭示代词和名词的照应关系、代词的所指和无定名词短语的语义解释，以及动词和时间方面的复杂关系。传统的形式语义学是从静态的角度分析一个个单句的意义，而话语表达理论则是一步步动态地处理语篇中的每一个句子，对新的句子的分析依赖于前面处理过的上下文，而新的句子反过来又更新已有的信息内容，这些信息内容继而又成为处理和理解后续句子的前提和依据（潘海华，1996；邹崇理，1998）。根据这个理论，我们从语篇中创立一个表达式，然后我们依据一个模型来解读这个表达式。表达式的创立和它的解读过程都是独立进行的。这样，表达式对解读来说是至关重要的。

按照 DRT 的观点，一个自然语言的语篇（即同一个说话者所说出的一个句子序列）是在一个表达结构的语境中得到解读的。在一个表达结构的语境 R 中得到解读的一个语篇，其结果为一个新的表达结构 R′；这个新的表达结构 R′可以被看做是 R 的更新的结果（Kamp，1981）。

在话语表达理论中，对话语或语篇的分析是一个动态的、不断增添内容的过程。每一个句子的处理都是在上一个句子处理后的语境中进行的。这种内容递增的分析方法反映了人们在使用语言过程中信息不断积累扩充的实际情况。DRT 一方面参考了人工智能、认知科学以及语言学的研究途径，认为人脑是一个信息处理器，意义则被看做是一个指令，我们借此动态地构建一个心灵表达式，人脑就依靠该表达式进行下一步的信息处理；另一方面，话语表达理论也借鉴了传统的真值条件语义学处理意义的方法。

话语表达理论对意义的确定涉及两个阶段：首先，要通过输入的话语构造出语义表达式，也就是“话语表达结构”（discourse representation structure，简称 DRS）；其次，对这些话语表达结构进行模型理论解读。也就是说，一个新的句子更新前一个已经处理过的句子的表达式。话语的意义存在于更新的信息和所输入的真值条件中。我们可以把它定义为一个函数，从一个已经建立起来的话语表达式的语境映射到一个新的语境，这个新的语境则作为即将更新的话语表达式的语境。我们把这个函数称为“语境变化函数”（context change potential）（Kamp & Reyle，1993）。

如果要借助表达式的更新对意义进行动态的处理，那么在构造话语表达理论时我们就要为它设计一个算法。在处理一个句子序列 S_1，

S_2，……S_n 时，构造算法从第一个句子开始，借助话语表达结构规则自上而下、从左到右的顺序把它变化成 DRS_1，这个话语表达结构作为更新的语境用来处理第二个句子 S_2，并依此类推。

话语表达结构是一个有序二元组，包括一个话语所指（也可以叫做语篇所指）的集合 U，U 被称为是话语表达结构的论域；另外包括一个条件的集合，简称为 Con。这样话语表达结构可以表示为：

（1）DRS = < U，Con >

话语所指代表的是语篇中的个体。条件所代表的是语篇中个体的描写信息。它看起来很像谓词，而话语所指则像是论元。一个话语表达结构也可以是个条件。在解读时，话语表达式中的话语所指与一个模型中的个体相对应，而表达式中的条件则代表模型中不同个体之间的关系。

在话语表达理论中，话语表达结构通常用方框图来表示。下面我们以一个简单的语篇为例，展示它是如何在一个话语表达结构中随着信息的增加而进行扩展的。

（2）吴平拥有一幢别墅。它很贵。

在一个新的语篇或话语开始时，我们打开一个空的方框，也就是说，方框内没有从前的信息：

（3）

随着话语的增加，我们就要在方框内加入新的信息，并将其扩展。从话语表达理论的角度来说，话语处理就是用新的信息不断填充这个初始方框的过程，同时也要顾及各种限制条件。我们先处理第一个句子：

（4）

x y
吴平（x） 别墅（y） 拥有（x，y）

方框中横线上方的 x 和 y 是话语所指，横线下方的吴平（x）、别墅（y）和拥有（x，y）是条件。也就是说，第一句中的专有名词“吴平”把话语所指 x 引入该 DRS 的论域中。专有名词在第一次提到时就在话语表达结构中加入新的话语所指。然后把条件吴平（x）引入它的条件集合中。它告诉我们话语所指 x 和“吴平这个个体”相关。我们同时也知道由 x 代表的个体拥有一幢别墅。“一幢别墅”是个无定名词短语。在话语表达理论中，无定名词短语也引入新的话语所指，我们这里把它表达成 y。这样，“y 是一幢别墅”这个条件表达成“别墅（y）”，并且也被加入到 DRS 中。最后我们还需要加入一个条件，这个条件告诉我们吴平和别墅的关系，那就是“拥有（x，y）”。这样我们就得出（4）的表达式。

现在我们要处理第二个句子，这样就可以更新表达式。一开始我们会得到一个所指未消解的表达式：

（5）

x　y　z
吴平（x） 别墅（y） 拥有（x，y） z = ? 很贵（z）

这个句子开始是一个代词“它”。代词需要找到一个已经存在的话语所指作为先行词。首先，代词“它”把一个新的话语所指 z 引入横线上方的论域中。这是因为“它”是个代词，属于有定描写，它要求引入一个新的话语所指。然后，它把一个没有消解的条件“z = ?”引入条件集合中。“它很贵”把条件“很贵（z）”引入条件集合。这时，话语表达结构的消解机制开始起作用，要求我们开始为 z 寻找一个合适的话语所指，该话语所指要约束 z，并且具有［－生命］和［＋单数］的语义特征。表达式中唯一符合这些语义特征的话语所指就是 y，这样我们就把新引入的话语所指 z 消解成前面引入的话语所指 y，z 受 y 的约束，变成一个新的条件“z = y”，这个条件也叫“等同性条件”（equality condition)。这样我们就得出了下面的话语表达结构：

(6)

x　y　z
吴平（x）
别墅（y）
拥有（x，y）
z = y
很贵（z）

DRS（6）可以进一步简化为 DRS（7）：

(7)

x　y
吴平（x）
别墅（y）
拥有（x，y）
很贵（y）

在（7）中，我们分两个步骤消解了代词。首先，我们引入了一个新的话语所指，然后找出和它相同的话语所指。接下来我们所作的就是用 y 来取代所有会出现的 z，然后把 z 从论域，即话语所指集合中删除。在一般的操作中，我们会省略这个过程，而直接得出（7）这种表达结构。

那么（7）的真值条件是什么呢？该话语表达结构为真，当且仅当话语表达结构中的话语所指和模型之间存在着一个映射或者说函数，该函数将这个话语表达结构中的话语所指映射到一个模型中，使条件集合中的所有条件都为真。具体地说，该函数将话语所指 x 映射到模型中的一个个体“吴平”；把话语所指 y 映射到模型中的另一个个体“别墅”。“吴平”和“别墅”的关系是“吴平拥有这个别墅”并且“这个别墅很贵”。因此，（7）这个话语表达结构和它的谓词逻辑翻译式（8）具有同样的真值条件：

(8) $\exists x\ \exists y\ [\text{吴平}'(x) \wedge \text{别墅}'(y) \wedge \text{拥有}'(x, y) \wedge \text{很贵}'(y)]$

谓词逻辑公式和话语表达结构的最重要的区别是话语表达结构可以随着更多的信息而进一步更新。谓词逻辑式无法更新改变，因为公式中的变元是不能更新的。

话语表达结构也可以写成线性形式。(7) 可以写成 (9)。

(9) [x，y：吴平 (x)，别墅 (y)，拥有 (x，y)，很贵 (y)]

从上面的例子可以看出，不同的名词短语类型可以以不同的形式影响语篇表达式。专有名词在第一次出现时总是引入一个新的话语所指。无定名词短语也会引入一个新的话语所指。代词需要被一个已经存在的话语所指所约束。专有名词在第一次出现后，也需要和一个已经存在的话语所指通过等同性操作结合起来。最后，有定名词短语也像代词一样，需要受一个已经存在的话语所指的约束。在表达结构中，话语所指就是变元，它们通过语言表达式追踪真实世界中个体的描述信息。这种使用话语所指来安排信息的做法起源于卡图南 (1974) 关于话语所指的方案。

那么话语表达理论是如何从一个句子变成一个表达结构的呢？坎普 (Kamp，1981、1993) 规定了一个 DRT 构造算法，它把一个句子进行句法切分并且把信息加入到表达结构中。从句法结构到话语表达结构的具体步骤和本文无关，我们所要关注的是一个语境中话语将会赋予什么类型的表达结构，这个表达结构如何影响其他表达结构以及如何解读。

我们在前面提到，一个话语表达结构也可以作为另一个话语表达结构中的一个条件。这些被内嵌的表达结构被称为复杂条件。在话语表达理论中绝大多数的逻辑连接词、量词和其他算子被表达为复杂条件。合取算子是个例外，它的表达式是简单地把每个分句的信息加入到话语表达结构中去。

话语所指有两个功能。一方面它们作为带有照应关系的表达方式，如代词的先行词；另一方面它们又作为受一个量化结构约束的变元。为了标示这些关系，我们必须引入“子结构”这个概念。一个话语表达结构可以由一些小的子结构组成，这些子结构内嵌在“主结构”(matrix DRS) 中。子结构总是作为复杂的话语表达结构条件的组成部分。复杂的表达结构条件包括蕴涵句和否定句。

像"If S_1 then S_2"这样的条件句构成逻辑关系上的蕴涵句，它引入的是以下复杂条件：

（10）

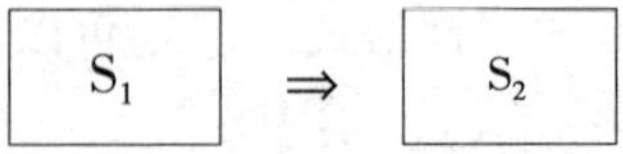

该图中的"⇒"相当于命题逻辑中实质性蕴涵式的连接词"→"。图中有两个子结构，左侧的是前件（即先行分句），右侧的是后件（即结果分句）。对于这些内嵌话语表达结构中的信息来说，它们所从属于的话语表达结构中的信息都是可及的。条件句的先行分句中的话语所指对于结果分句中的话语所指是可及的。我们以一个驴子句（donkey sentence）为例，来展示蕴涵句复杂条件的结构表达式。

（11）如果吴平有一头驴子，他就会打它。

该条件句的话语表达结构如下所示：

（12a）

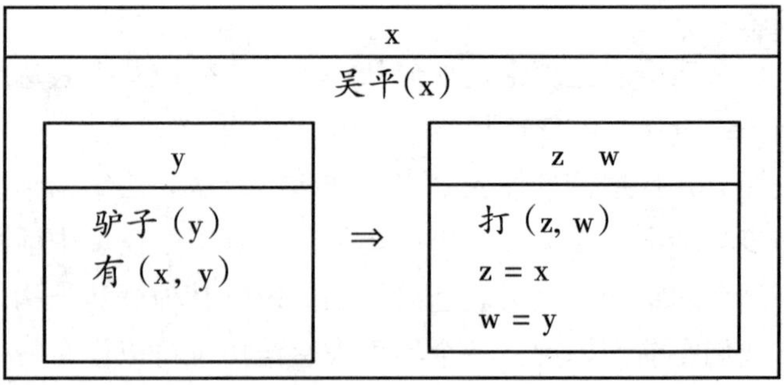

（12a）可以进一步简化为（12b）：

（12b）

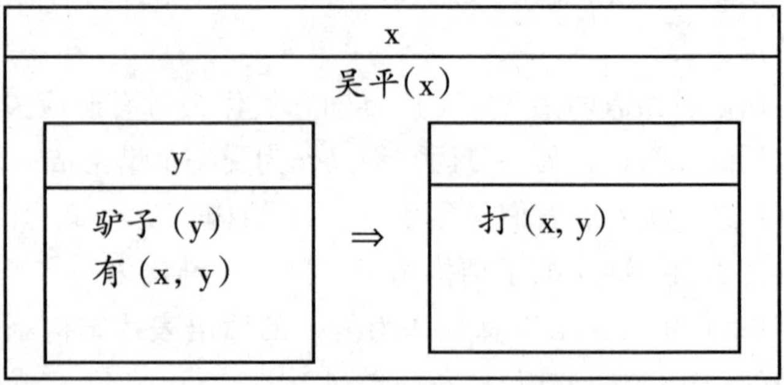

（12b）也可以写成（12c）这样的线性结构：

（12c）［1 x：吴平（x），［2 y：驴子（y），有（x，y）］⇒［3 :打（x，y）］

吴平（x）是主结构的一部分，主结构也称为主语境。我们可以把主结构表示为 DRS_1。专有名词的话语所指和条件，也就是这里的 x 和吴平（x），总是放到主结构中去。蕴涵连接词“如果”为先行分句创立了一个内嵌话语表达结构，我们把这个话语表达结构表示为 DRS_2。“一头驴子”是一个无定名词短语，它把一个新的话语所指 y 引入到先行分句的话语表达结构中，成为其中的一部分。在这里我们要加入条件“有（x，y）”。结果分句的话语表达结构（这里我们把它表示为 DRS_3）中有两个代词，它们的话语所指分别是 z 和 w，它们需要被约束。它们可以被约束的话语所指的位置对它们来说必须是可及的。也就是说，所有 DRS_3 所从属的话语表达结构。在条件句中，主结构 DRS_1 和先行分句的 DRS_2 对结果分句的 DRS_3 来说都是可及的。这就意味着 x 和 y 对 z 和 w 都是可及的约束。因为 z 有［+人］的语义成分，而 w 有［-人］的语义成分，因此 z 被 x 所约束，而 w 被 y 所约束。

与此相类似，否定关系引入的是如下复杂关系：

（13）

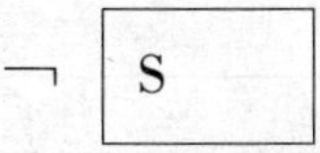

图中“¬”是否定联结词。例如：

（14）吴平并不拥有一幢别墅。

该否定句的话语表达结构如下所示：

（15）

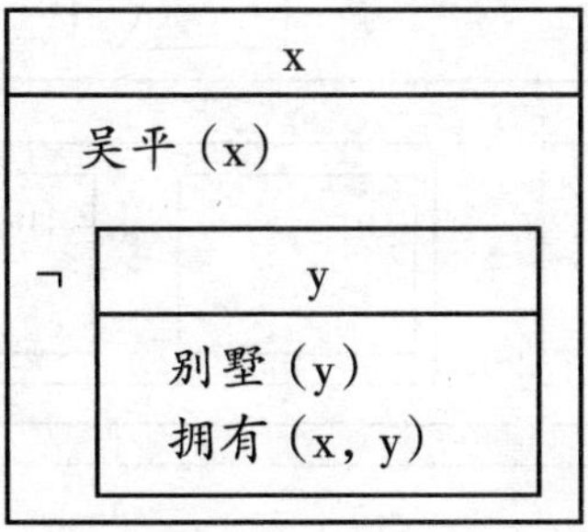

和条件句一样，话语所指 x 和条件“吴平（x）”仍是主结构的一部分。不过“吴平拥有一幢别墅”的信息被放入到一个表示否定的内嵌话语表达结构中。无定名词短语“一幢别墅”引入一个新的话语所指，不过这个话语所指要放到上面这个否定的内嵌话语表达结构中。这样，在这个内嵌的话语表达结构中有“存在着一幢别墅”和“吴平拥有它”的信息，不过这个话语表达结构被否定了。它可以解读为“以下情况不是事实：存在着一幢 x 所拥有的别墅 y”。要注意的是，我们可以在内嵌的话语表达结构中使用 x，尽管 x 没有在这个内嵌的话语表达结构中出现。这是因为 x 对内嵌的话语表达结构来说是可及的。一个话语表达结构中的话语所指对从属于它的所有话语表达结构中的话语所指都是可及的。

析取句也生成两个子结构，之间由逻辑连接词“∨”连接。这两个子结构都从属于主结构。不过和条件句不同的是，这两个子结构之间没有可及性关系。模态算子生成模态语境，表示为“◊”所引导的内嵌话语表达结构。主结构对模态子结构来说是可及的。

话语表达结构呈现出层次性，一个子结构内套一个子结构，这反映出自然语言话语的逻辑结构。我们可以用下图来总括话语表达结构构造的层次性。

（16）

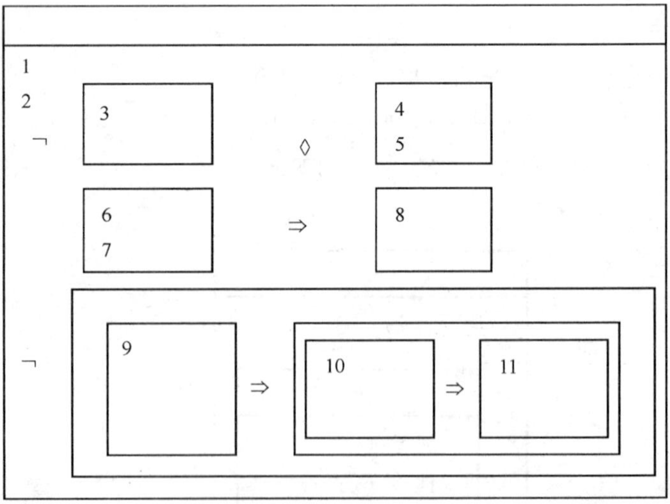

该图主结构中的1和2是陈述的事实；3是被否定的陈述；4和5是可能性事实陈述（符号“◊”在模态逻辑中为可能性算子）；8是建立在6和7的推测上的陈述，即“$6 \wedge 7 \rightarrow 8$”，它们构成像1.3小节中的例（36）那样的事实性蕴涵句（Kadmon，2000：29）。

从上面的例子我们可以看出，话语表达结构的构造规则映射到话语表达结构中，这套规则在方框图中是从上到下，从左到右，每碰到一个算子（如否定算子）就会有一个相关的构造规则告诉我们应该怎么做。

可及性在话语表达理论中占有至关重要的地位，尤其是在理解照应关系方面。这是因为可及性确定了哪些话语所指可以用于照应指称。可及性是按照从属关系定义的。如果第一个话语表达结构是第二个话语表达结构的一个条件，那么第一个话语表达结构从属于第二个话语表达结构。从属关系是话语表达结构之间的关系，可及性则是话语所指之间的关系。对在某个话语表达结构中的话语所指来说，它所从属于的所有话语表达结构和它本身的话语表达结构（一个话语表达结构也从属于它本身）中的话语所指都是可及的。如果一个话语表达结构 K_1 从属于一个话语表达结构 K，那么 K 中的所有话语所指对 K_1 来说都是可及的，但是反过来则不行，也就是说，一个内嵌语境内的话语指称对这个语境外的话语所指没有照应关系。例如：

（17）吴平并不拥有一幢别墅。*它很贵。

它的话语表达结构如下所示：

（18）

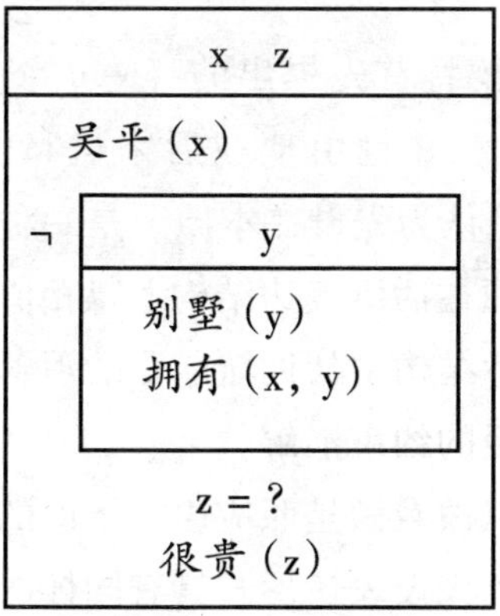

例（18）是无法成立的，这是因为第二句中的代词“它”无法找到一个先行词。从它的话语表达结构中我们可以看出这一点。“它”的话语所指是 z，我们需要把 z 约束到某一个可及的话语所指。就 z 来说，它可及的话语所指只能在主结构中，在本句中只有 x 可选，但是 x 是个有生命的男性，显然不适当。另一个话语所指 y 在语义上是适当的，但是它不可及，因为 y 所在的话语表达结构从属于 z 所引导的主结构。

话语表达理论是一个动态语义理论，它把意义看做是信息不断改变和更新语境的结果。话语表达理论并不为单独的句子而是为整个语篇赋予真值条件。在解读句子的时候，我们既要考虑输入信息，也要考虑输出信息。输入信息是句子的信息在加入到表达结构之前的话语表达结构。在它被加入，并且所有的照应关系被消解后，我们就得出了输出语境。话语表达理论是形式语义学领域的一个重大的发展，同时，它的理论和分析操作方法也被语用学所借鉴，成为形式语用学研究的重要工具。邹崇理指出，话语表达理论从传统的蒙太古形式语义学发展出来，将语境纳入到自然语言的话语意义的解释，动态地分析话语的意义对语境的依赖关系，突破了传统形式语义学静态地分析句子的局限性（邹崇理，2000：95～96）。在过去的 20 年中，话语表达理论受到了广泛的重视，特别是在计算语言学领域，显示出了强大的生命力。

2.2 约束理论

约束理论是由范·德·森德特首先提出的（Van der Sandt，1989；Van der Sandt & Geurts，1991），并且由他在后来进行了全面的阐述（Van der Sandt，1992）。该理论认为先设在本质上是一种照应语。约束理论扩展了话语表达理论，以便在话语表达结构上以相似的方法来处理先设和代词照应语。在话语表达结构中代词照应语的消解机制也可以应用到先设的问题上，这就是先设的约束消解。

我们首先要问先设是否可以被看做是照应语。下面的例子表明，在同一位置的代词照应表达形式和先设表达形式具有同样的真值条件。下面例句的 a 句中有一个代词照应表达式，它被一个句内先行词所约束。

b 句和 a 句意义相同，不过它们有一个先设表达式，并且击发的先设没有投射出来。

(19) a. Wu Ping bought a new car and we knew it.

b. Wu Ping bought a new car and we knew that Wu Ping bought a new car.

(20) a. 如果有人泄露了我们的秘密的话，那么是吴平泄露了它。

b. 如果有人泄露了我们的秘密的话，那么是吴平泄露了我们的秘密。

(21) a. 有一个法国国王，并且他是秃子。

b. 有一个法国国王，并且这个法国国王是秃子。

约束理论认为，b 句中所击发的先设之所以没有投射出来是因为它们被句子前半部分的信息约束了，这就像 a 句中的照应表达形式被句内的先行词所约束那样。正是基于这种相似性，约束理论认为，所有击发的先设都具有照应性，并且都以相似的方法被消解。

2.2.1　约束消解

范·德·森德特把话语表达理论处理照应语的方法扩展到了对先设的处理。话语表达理论是在表达结构的层次上把一个照应表达式所引入的话语所指确定为另一个话语表达结构中已经出现的话语所指。照应表达式必须和一个先行词联系起来才能得到解读。

通常来说，代词和它们的先行词是通过等同性联系起来的。在话语表达理论中，照应约束，也就是一个照应表达式通过和一个先行词确定等同性而得到消解，并且是发生在话语表达结构层次上的。照应表达式是一个话语所指，它需要找到一个合适的话语所指并且和它确定彼此之间的等同性。如果在话语表达结构中和话语所指相关的描写信息可以确定为一个模型中的某个语义个体，那么约束操作就成功了。在话语表达理论中，约束这个概念涵盖的关系是非常广泛的，其范围超过了这个术语在其他语言学领域中的使用。从根本上讲，约束仅仅描述了描写信息和表达式中语义个体的正确联系，或者说约束描述了一个描写信息的确定过程，这个描写信息通过一个语言表达形式来传达，并且这个语言表达形式是话语表达结构中的一个组成部分，因此它可以被扩展用来涵盖其他类似的关系。

范·德·森德特认为先设表达式的消解过程同照应约束的消解过程是类似的。首先，我们确定先设信息，这个信息是独立于语境之外或者不是处于一个内嵌结构之内的。这个信息储存在一个临时的话语表达结构中，这个话语表达结构被称为∂-结构。储存在∂-结构中的信息是必须要处理的，处理它的方法之一就是为它找到一个先行语。如果一个合适的先行语被找到了，那么在∂-结构中的先设信息就被这个先行语约束，我们就可以把∂-结构中的话语所指和条件加在先行语的话语表达结构中，同时给∂-结构的论域中的 x 加上一个形式为 $x=y$ 的条件，其中 y 是先行语的话语表达结构中的一个话语所指。这样的话，和先设信息相关的描写信息就移动到约束位置。这时∂-结构变成了一个空的结构，就可以从话语表达结构中删除。

在开始前，我们需要完成两项工作：第一是在词库中寻找先设击发语；第二是确定它们所引出的先设。

在简单句中对击发的先设信息的约束和在复杂句中的约束方法不同。如果一个先设是在一个内嵌的语境中击发的，我们就开始在先设被击发的话语表达结构中寻找一个先行语，这个过程就是先设的消解。如果在这个话语表达结构中无法找到一个适当的先行语，我们就沿着可及路径到下一个更高一层的话语表达结构中去寻找。一个话语表达结构的可及路径是它所能进入的所有语境。条件句中的先行分句对结果分句来说总是可及的。我们沿着可及路径开始搜寻，直到找到一个先行语，或者最终到达主结构。如果找到一个先行语，我们就可以用它来约束∂-结构中的话语所指，并且把∂-结构中先设的描写信息与它的话语所指联系起来。就具体的操作来说，我们要引入一个∂ 算子。该算子将两个普通的话语表达结构作为论元结合成一个新的特殊的话语表达结构，这就是我们上面所提到的∂-结构。∂ 算子可以看做是一个标记，或者一个语义特征，它表示一个话语表达结构是另一个话语表达结构的先设信息。例如：$A_1 \partial_i A_2$表示 A_1 是 A_2 的先设，或者说 A_2 先设 A_1。下标 i 表示它是要消解话语所指，也就是我们要找出先行词的话语所指。A_1 被称为∂-结构，也就是我们要消解的先设话语表达结构，A_2 这个话语表达结构在消解后仍然保留在原位。在为一个句子创建话语表达结构时，如果该句包含先设击发语，那么所创建的表达结构会包含∂-结构，即先设表达结构。例如：

（22）吴平有一幢别墅。这个别墅很贵。

我们先在第二个分句中搜寻到了一个有定名词结构“这个别墅”，它击发了“存在一个别墅”的先设信息。该先设信息可以表达为（23）那样的∂-结构。

（23）

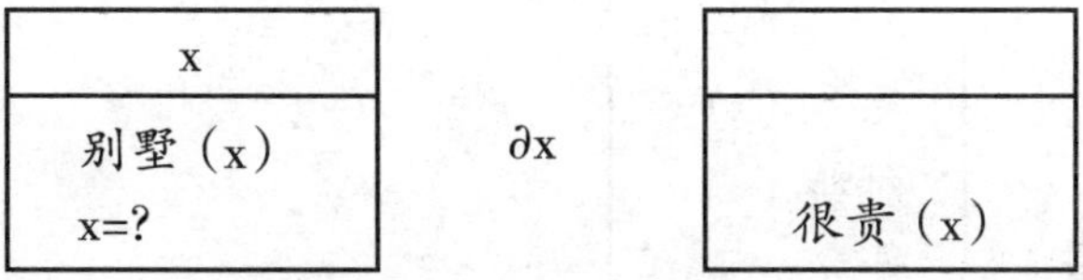

这个结构可以看做是先设尚未消解的普通的话语表达结构。我们要把这个新的表达结构与前面的话语合并，在这个合并过程中先设仍保持未消解状态。“这个别墅很贵”前面的话语是“吴平有一幢别墅”，那么在合并两句后我们得到如下表达结构（其中⊕ 是合并指令）：

（24）

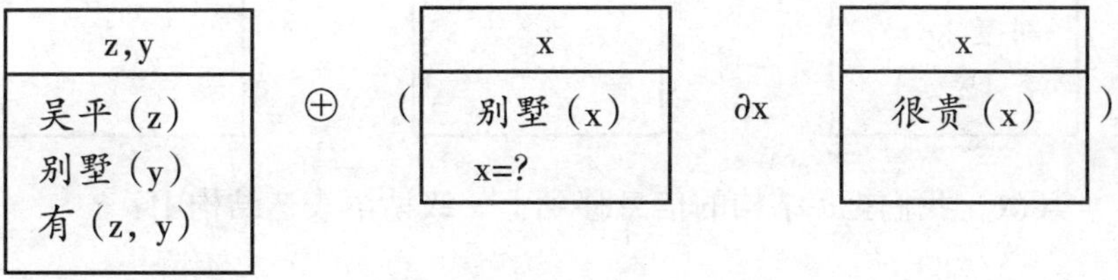

只有把前一个表达结构和新的表达结构合并起来以后我们才能消解先设。我们在这个新的合并的话语表达结构中进行搜寻，每碰到一个∂-结构就进行消解，也就是说，我们要把∂-结构的语境和上一级表达结构的语境相匹配。通常我们的直觉也表明先设的信息应该是在前面的语境中获得的。

我们看一下这个过程。上面的例子中，我们的∂-结构只有一个先设击发语：

（25）

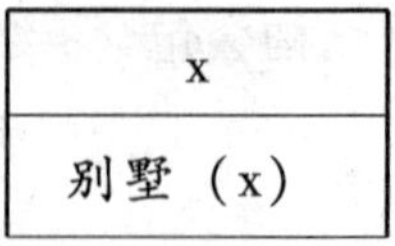

在消解∂-结构时，只有一个上一级表达结构（其中含有可能的先行话语所指 y）以供消解：

（26）

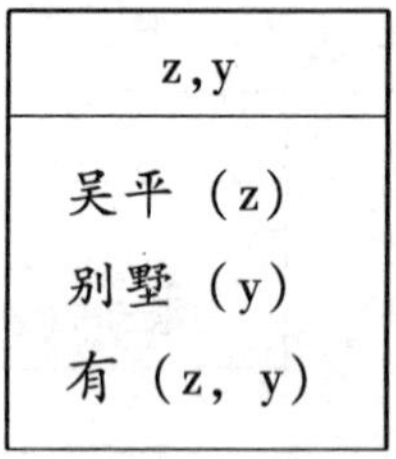

首先，我们把条件 x = y 加到∂-结构，使话语所指 x 和 y 相等：

（27）

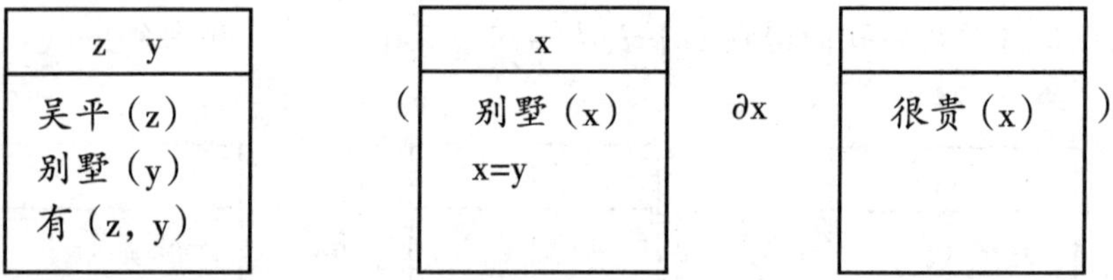

其次，我们把∂-结构的信息移到上一级话语表达结构中：

（28）

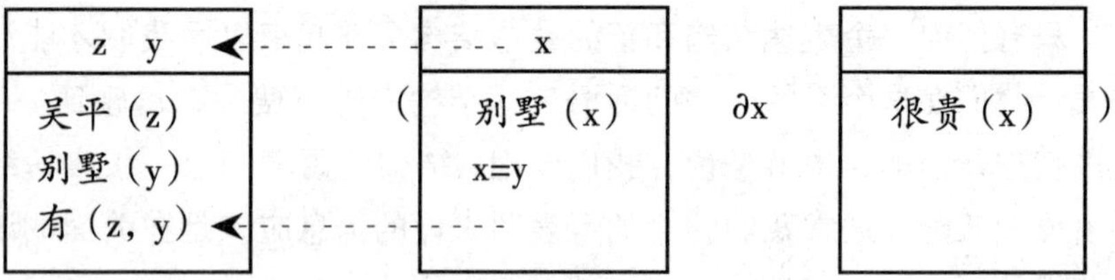

最后，我们用合并指令⊕取代∂x 算子，得出：

（29）

这个话语表达结构中有两个关于合并的指令。我们可以把它简写为：

z y x
吴平（z）
别墅（y）
别墅（x）
x=y

⊕ (

⊕

很贵（x）

)

（30）

z y x
吴平（z）
别墅（y）
别墅（x）
x = y
很贵（x）

我们也可以把 x = y 的条件用等同性操作来代替，这样就得到一个更为简单的话语表达结构：

（31）

z x
吴平（z）
别墅（x）
很贵（x）

这样我们通过确定 x 的话语所指和前面语境中指称“别墅”的话语所指，并使二者建立约束关系，消解了有定名词短语“这个别墅”所击发的先设。

处理由有定描写所击发的先设和在话语表达结构中处理代词约束的方法是一样简单的。但是对于其他先设击发语，实际的消解过程就更为复杂些。下面我们举一个表类同的先设击发语“也”的例子。范·德·森德特和格乌茨（2001）把“也”的先设结构分析为如下线性结构：

$\partial[\,:\,\Phi(x),\ \partial[x\colon x \neq a]]$

这里我们要区分开描写条件 Φ（x）和一个包括照应所指的代词成分条件 $x \neq a$。x 是必须要在语境中消解的。代词部分是内嵌在一个更大的∂-结构中的。范·德·森德特和格乌茨把 $x \neq a$ 看做代词成分是因为它并不贡献任何描述内容。x 和 a 必须属于同一类型。Φ 代表两个表达形式的主题。下面举一个“也”在条件句的结果分句中如何被消解的例子。在消解内嵌在其他先设表达结构中的先设表达结构时，我们首先要消解内嵌最深的结构，在当前这个结构中我们要首先消解的是代词成分结构∂[x：$x \neq a$]。

（32）如果吴平迟到了，那么计丽屏也迟到了。

（32）的话语表达结构如下所示：

（33）[x，y：吴平（x），计丽屏（y），[：迟到（x）]
⇒[：迟到（y），∂[：迟到（z），∂[z：$z \neq y$]]]]

我们首先消解代词部分：

（34）[x，y：吴平（x），计丽屏（y），$x \neq y$，[：迟到（x）]⇒[：迟到（y），∂[：迟到（z）]]]

最后我们把描写条件消解为先行分句中的信息，得出最终的表达结构：

（35）[x，y：吴平（x），计丽屏（y），$x \neq y$，[：迟到（x）]⇒[：迟到（y）]]

2.2.2 纳入消解

有时候我们在前面的语境中找不到先设的信息，也就是说我们搜寻了所有可及的话语表达结构却找不到先设的先行语，这样就无法将二者约束起来。但是我们也发现在很多情况下，句子的先设没有得到满足，然而句子却可以有效地进行交际。例如：

（36）吴平的自行车昨天丢了。

（36）的先设是“吴平有自行车”。如果我们都知道吴平并没有自行车，那么我们会拒绝接纳这句话。但是如果我们不知道吴平到底有没有自行车，那么就有两种处理方法：简单的方法是拒绝接纳这个话语，因为它所伴随的先设不受语境的支持。不过在这种情况下我们通常不会这么做。因为尽管这个先设信息并不存在于我们的共同知识中，我们却可以理解这句话。我们会把这个先设加入到语境中，然后对这句话进行解读。合作的交谈者会接受这个先设信息，并且把它处理为好像是已经在语境中给出的信息，并把它加入到他们的话语表达结构中。这个把先设加入到语境中的过程被哲学家大卫·刘易斯（David Lewis，1979）称为“纳入（accommodation）”。“纳入”这个概念的初步思想在斯特劳森（Strawson，1950）、卡图南（Karttunen，1974）、斯特内克（Stalnaker，1974）和格莱斯（Grice，1981）的著作中已经出现，只不过是被看做一种例外的现象。这个概念的系统完整思想是阿特拉斯（Atlas，1975、1977、1979）提出的。纳入为我们提供了一个先行成分，帮助我们改变一个语境以满足先设信息。我们可以把它看做是一个修补策略。也就是说，说话者在说话时可以表现出某个命题是语境或者“共同知识”（common ground）的一部分，并借此强迫听话者推测出该命题被先设，并调整其共同知识的结构以便将其包括进去（Lewis，1979；Krahmer，1998：149）。

卡图南（1974：191）认为，日常话语并不总是清楚明了的。一个句子应当看做是满足其先设的语境的增加：如果当前的会话语境不够充分的话，那么听话者就会按照需要将其扩展。他会按照所说的话确定自己应该处的语境，并和他的交谈者一起作出同样的语境扩展。这就是我们交流的间接途径，即我们传达信息但并不对它们进行讨论。海姆（Heim，1983）将其总结为纳入规则：

（37）a. 听话者假定 c 是共同知识，是听话者和说话者都同意的信息。

b. 现在说话者说出一句话 Φ，Φ 有一个先设 Ψ，该先设在 c 中不被满足，即 $c + \Phi = \emptyset$（即空集）。

c. 听话者没有任何信息能使他认为 Ψ 不可接受。

这样，听话者就把假定的共同知识 c 改变为 c′，c′与 c 相似，在 c′中 Φ 的先设 Ψ 得到满足，Φ 在 c′中得到解读，并且 $c' + \Phi$ 产生的是个正常的信息状态。

在约束理论中，纳入操作通过加入一个所需的先行语对话语表达结构进行了调整。其过程如下：我们从先设击发的起始话语表达结构开始，沿着可及路径在所有的语境中搜寻一个合适的先行语，直到主结构。如果没有找到，我们就需要在一个可及的表达结构中加入同样的先设信息。这样就创造出一个先行语，它可以约束先设。先设之所以能够为自己创造先行语是因为先设具有描写内容。在纳入时，先设信息从它的击发语位置移动到话语表达结构中的某一位置，并且失去其先设的性质或标记。这就意味着∂ 算子在移动过程中被删除。这个移动必须是移动到一个可及的位置。这样，所移动到的终点位置可能是主结构，或者是击发语的局部表达结构，或者是某个中间的话语表达结构（Van der Sandt，1992）。例如：

（38）如果吴平减肥的话，那么他的妻子就会很高兴。

这里要关注的是结果分句由“他的妻子”所击发的先设“吴平有个妻子”，如果我们不知道吴平是否有妻子，我们需要纳入这个先设。我们首先得出如下话语表达结构：

（39）

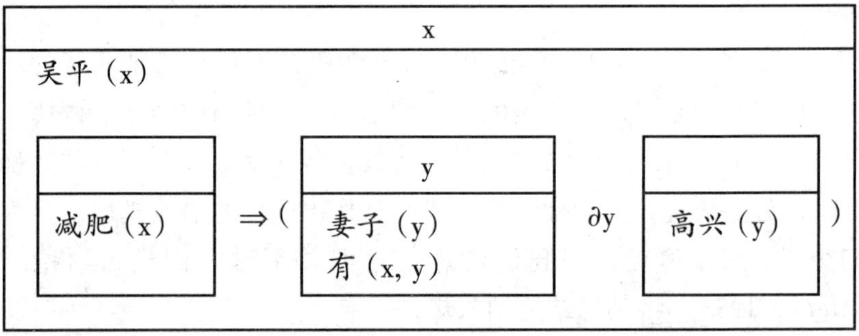

这是我们要处理的第一个话语表达结构，目前还没有一个可供选择的话语表达结构与先设的信息“吴平有个妻子”相匹配，该先设表现为如下表达结构：

（40）

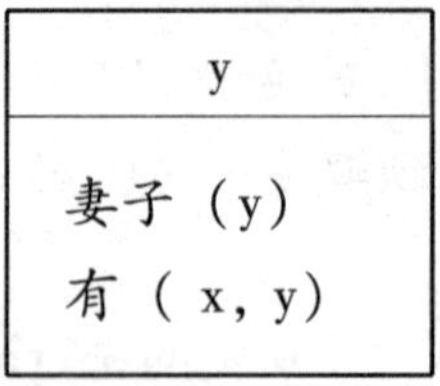

这种情况下，我们就采用纳入来处理语篇，即纳入先设的信息。纳入消解和约束消解相似。二者最大的区别在于，纳入消解中我们不把∂-结构的话语所指等同于上一级表达结构中的话语所指。其他情况纳入消解和约束消解完全一样，我们要把∂-结构移动到主表达结构中。

（41）

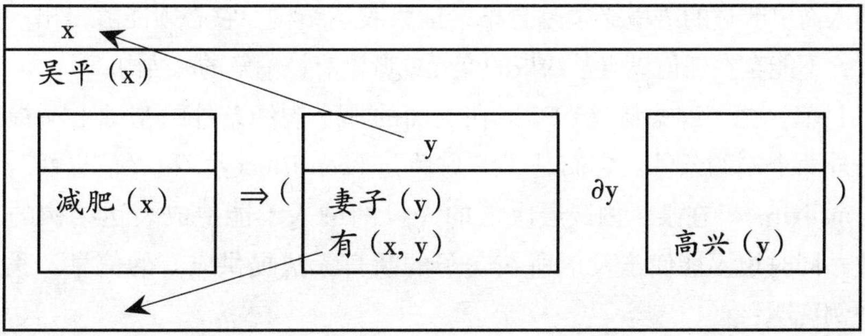

我们把先设的信息移动到主话语表达结构的过程叫做整体纳入（global accommodation）。在用⊕取代∂-结构并完成合并之后，我们得到下面最终的话语表达结构：

（42）

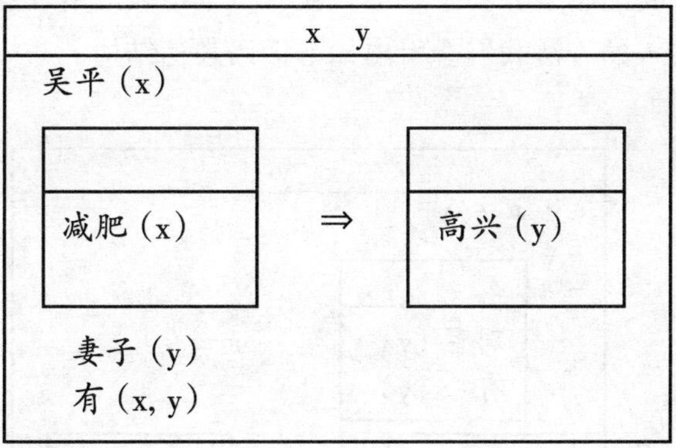

以上所展示的就是这个原则：尽可能使先设的信息和语境相匹配；如果失败的话，就把它纳入到整体的话语表达结构，即主结构中。在这个经过修改的语境中，先设信息可以通过约束来解读。在新的语境中，约束先设信息和断言的信息一起更新就导致了一个新的输出语境。纳入对语境的影响和断言对语境的影响不一样。纳入是更改语境以使先设信息有一个解读，而不是更新语境。

我们上面的例子所展示的是先设在一个内嵌结构中被击发并被纳入的过程。当先设在一个引入内嵌结构的算子的辖域中被击发时，纳入就要确定应该在哪个话语表达结构中加入先设信息，这也就是确定哪个对先设来说是可及的话语表达结构。确定纳入在什么层次上发生是受话语表达结构连贯性这个条件所制约的，所以对纳入的一个最基本的制约条件就是经过纳入而更改过的语境必须是合格的话语表达结构，它必须能够得出一个解读，不能存在任何没有被约束的变元或者没有被消解的∂-结构。

范·德·森德特（1992）在上面的那个制约条件的基础上又提出了另外两个制约条件。它们是“一致性”（consistency）和“信息性”（informativity）。在某个内嵌层次上的先设的纳入不能造成表达结构的不一致，同时也不能使击发语所在句子的断言无法提供应有的信息。我们再举例说明：

(43) 吴平没有别墅。如果吴平很富的话，那么他的别墅肯定很豪华。

这个条件句的结果分句所击发的先设“吴平有幢别墅”没有一个可及的话语所指。由于无法约束，我们就必须纳入该信息。由于先设是发生在条件句的结果分句中，那么就有三个可能的纳入层次。但是如果应用整体纳入的方法我们会得出如下话语表达结构：

(44)

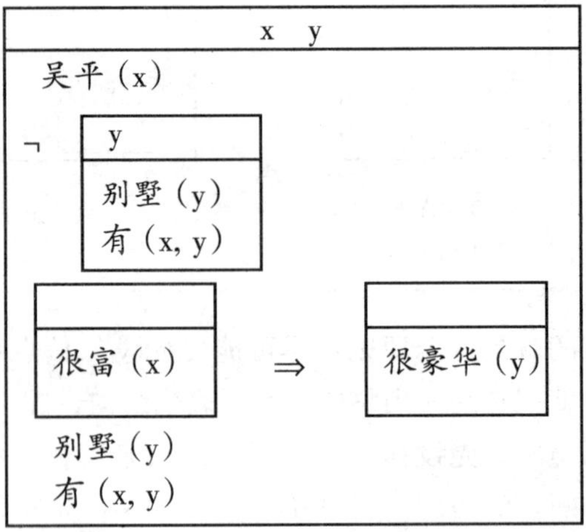

这个经过整体纳入的表达结构被解读为：“吴平有幢别墅。吴平没

有别墅。如果他很富的话，那么他的别墅肯定很豪华。”这显然是错误的结果，是个不合格的语篇，因为它断言“吴平有幢别墅”这个信息，这就造成话语表达结构的不一致。这表明我们的纳入操作不应该仅限于在主话语表达结构中。主话语表达结构的论域中的所有话语所指都是可及的，但是话语表达理论规定其表达结构呈层次性，一个结构可以内嵌在另一个结构中，并且告诉我们哪一个话语所指处于哪一个层面。我们对纳入应该采取更为灵活的态度，并允许纳入在话语表达结构中的其他层次进行操作。现在我们换一种方法来解决上面的例子，也就是在中间层次而不是在整体层面上进行纳入：

（45）

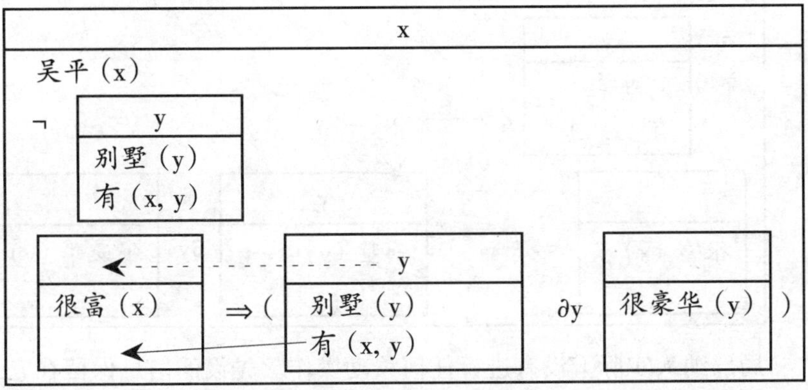

在用合并取代 ∂-算子后，我们得到下面的表达结构：

（46）

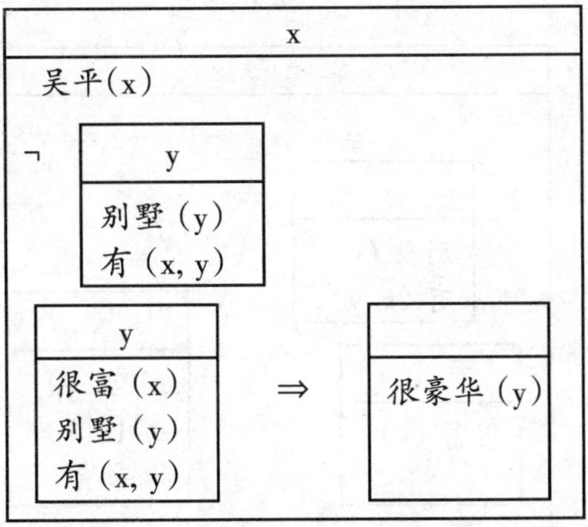

这里先设的信息在条件句的先行分句中，也就是左边的话语表达结构。这句话可以解读为：吴平没有别墅。如果吴平很富并且有幢别墅，那么他的别墅肯定很豪华。这句话是合格的语篇，符合一致性和信息性条件。因为这个纳入发生在先设击发结构和主结构之间的话语表达结构中，所以这个纳入被称为中间纳入。

在这个例子中，还存在着另一个可能的纳入，即局部纳入，表示如下：

（47）

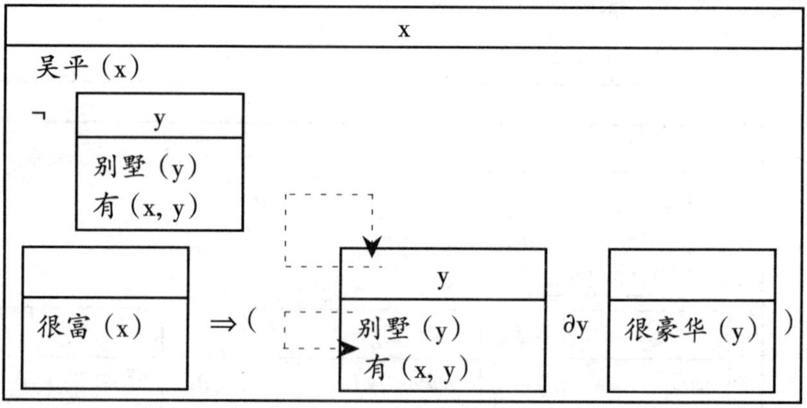

局部纳入实际上没有进行任何移动操作。先设的信息保留在它被击发的起始话语表达结构处。在用合并取代 ∂-算子后，我们得到下面的表达结构：

（48）

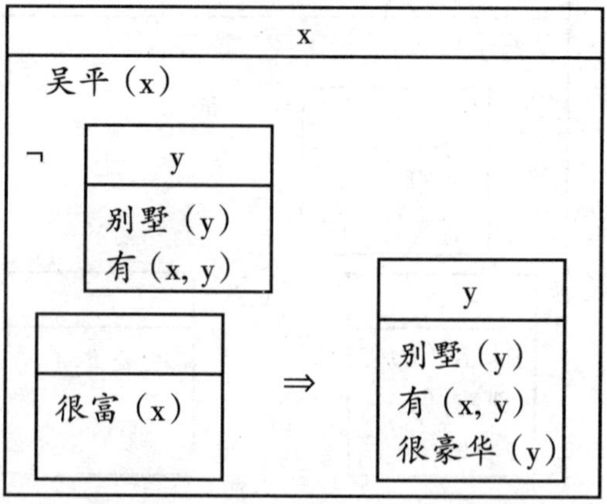

这个表达结构可以解读为：“吴平没有别墅。如果吴平很富的话，那么他就会有幢别墅，并且他的别墅肯定很豪华。”这个解读是符合一致性和信息性条件的。

信息性条件是基于这样一个原则，即断言应当传递新的信息。如果断言的信息被它的局部语境所蕴涵，那么就没有提供新的信息，断言的信息也就失去了信息性。对语境中的先设进行纳入可能会导致同一话语中的断言信息失去信息性，这是因为更改了的语境和其中经过纳入的先设已经蕴涵了这条断言信息，那么这个层次上的纳入就会被阻断。例如：

(49) 如果吴平已婚的话，那么他的妻子一定很幸福。

如果在主结构中整体纳入击发了先设“吴平有个妻子”，就会使这个条件句的先行分句失去信息性，因为它已经被蕴涵了。因此，整体纳入会被阻挡，而先设会在局部语境中被纳入。

除了要求纳入后的话语表达结构必须是合格的，并且满足一致性和信息性条件外，范·德·森德特（1992）还提出高层次纳入应当优先于低层次纳入。这种优先性来自于先设的投射的倾向性。

2.2.3　先设消解的操作

我们总结一下先设的约束和消解。首先，我们从先设被击发起始话语表达结构出发，沿着可及路径向上核查每一个话语表达结构以寻找一个合适的先行语。如果到了主结构时仍然没有找到一个合适的先行语，我们就需要将先设纳入。如果由于会导致结构不一致和断言信息失去信息性，或者由于先设信息本身含有一个受约束的话语所指而无法在主结构中纳入先设，那么这一层话语表达结构的纳入就会被排除。我们接下来仍然沿着可及路径核查下一层级的话语表达结构，直到又回到先设击发的起始话语表达结构。这个搜寻过程从先设的起始表达结构出发到主结构，从主结构又回到起始表达结构，呈一个环形。如果在这个环形结束时可及路径上的所有语境都无法纳入先设的信息，这个先设信息可以在击发它的起始结构中被纳入。

范·德·森德特和格乌茨（1999）把先设的消解看做是一种递增性处理过程，适合于计算应用。尤其是当一个先设表达结构还有其他的先设表达结构内嵌在其中时，就要求我们要先消解一个先设然后再分析下一个先设。这种算法结构所支持的是整体纳入优先的观点，这是因为∂-结构及其先设在搜寻合适的先行语时被移动到了主结构。如果这个搜寻失败，那么首先要测试的是整体纳入，在那里先设最容易被纳入。

我们可以把以上处理先设消解的操作总结为以下准则：

1）可及性：如果一个含有话语所指 x 的先设在某一个话语中被击发，并且 x 在该话语中受到约束，那么该先设就会在 x 可及的约束对象的位置得到消解或纳入。这个准则本质上涉及的是句法要求，它要求先设的话语所指必须是受约束的，因此也称为“自由变元核查”（free variable check）。

2）在约束操作时，如果存在两个以上的可能的先行语，话语所指要和可及路径上最近的先行语进行约束。

3）约束优先：相对于纳入，在对先设进行消解时优先考虑约束。

4）最大纳入优先：如果有几种可能的纳入选择，那么更为整体的纳入（即离先设击发语位置最远的纳入）要优于其他的纳入，也就是说整体纳入优于中间纳入，而中间纳入优于局部纳入。

2.3 约束理论的扩展

范·德·森德特的先设约束理论提出之后在语言学界引起了很大的反响。语言学家们对此理论进行了很多评价，同时也提出了一些和约束理论相关的新观点，对约束理论进行补充和扩展，以解决先设中更多的问题。下面我们简单介绍几种本书将要涉及的理论观点。

2.3.1 分段话语表达理论

阿什尔和拉斯卡瑞德斯（Asher & Lascarides，1998b）对约束理论进行了拓展，将世界知识和修辞关系纳入到先设消解的机制中。他们是在“分段话语表达理论”（Segmented DRT，简称 SDRT）的框架下处理先设问题的。SDRT 是由阿什尔（Asher，1993）以及阿什尔和拉斯卡瑞德斯（Asher & Lascarides，1998b）提出的。SDRT 通过一个附加的分析层次把修辞关系和连贯关系结合到语篇的分析和处理中去。SDRT 在话语表达结构的逻辑结构上面又增加了一层结构，这样就使语篇中的命题之间的修辞关系和连贯关系凸现出来。他们提出了三个概念，即解释、叙述和结果（Asher & Lascarides，1993：437）。比如，下面这两个例句展示的就是后面两个概念。

(50) 吴平走进家门。计丽屏上前给他掸去身上的雪。

(51) 吴平打开了窗户。屋子里的空气顿时清新了起来。

在（50）中，第二个句子所描述的事件是第一个句子所描述的事件的结果，因此二者通过“叙述”这个修辞关系相联系。(51) 所展示的修辞关系被解读为结果，第二个句子的事件或状态是第一个句子所展示的事件的结果。

语篇中的每一个命题都要和语篇表达结构中的其他部分通过一个修辞或者连贯关系相联系。这样每一个新的命题都被看做标有两个值，即关系值，表达为 R = ?，另一个是在语篇表达结构中的附着点，表达为 u = ?。这些值通过一个独立的逻辑运算过程来确定，它只对命题进行演绎推断，不涉及话语表达结构的语义内容。这个逻辑系统只确定哪些命题是通过哪些关系进行联系的，因此通过它的演绎规则集合所作出的结论将命题联系起来，同时添加上附加的信息。这些附加的信息和世界知识的作用比较重要，它们可以修改甚至废除由演绎规则所生成的推断。

阿什尔和拉斯卡瑞德斯（1998b）提出先设的消解是构建话语表达结构的一个重要步骤。他们认为，最初的约束理论无法适当地处理所有的先设问题，这是因为它缺乏一个更为丰富的语篇结构表达形式。他们认为约束理论的最大问题在于对纳入的处理上，纳入信息应该仅仅是种附加信息。在关于约束理论的讨论中，研究者也提到需要把纳入的信息结合到语篇的结构中去（Van der Sandt，1992；Geurts，1999），但是这个结合过程是如何进行的却从来没有过相关的研究。阿什尔和拉斯卡瑞德斯（1998b）提出应该排除纯粹的纳入的需要，应该将约束理论中对纳入的处理改为和一个修辞关系进行约束。这是他们和传统的约束理论在先设处理上最大的不同之处。

阿什尔和拉斯卡瑞德斯认为约束和纳入可以用同样的方法来处理，即在某个可及的附着点上通过和语篇表达结构中一个修辞关系来进行约束。首先，先设信息一般是通过“背景”这个修辞关系和语篇相联系，即先设被看做是它所附着的命题的背景信息。先设还可以和另外一个命题通过“可废除的结果”这个关系相联系，即先设所约束的命题被看做是先设的一个可废除的结果。大多数的击发语是通过背景和可废除的结果这两个修辞关系相联系，这是为了符合人们认为先设信息是背景知识或者是理所当然的信息的这种直觉。有些击发语是用不同的方法来处理的，因为它们仅和某些特别的修辞关系相关。阿什尔和拉斯卡瑞德斯特别提到了表示类同的击发语。由表示类同的击发语所击发的先设总是通过“平行”这个修辞关系和另一个命题相联系。

他们和传统的约束理论的第二个不同之处在于对附着点 u = ？的消解上。先设可以从它们被引入的 SDRT 开始，沿着可及路径附着在任何 SDRT 上，而断言信息只能限制在引入的位置。为了解释先设的投射表现，这样做是必要的。

下面是一些用来确定背景修辞关系的规则（Asher & Lascarides，1998b：261）：

（52）**Background**：$(\langle \tau, \alpha, \beta \rangle \wedge \text{state}(\beta)) > \text{Background}(\alpha, \beta)$

Axiom on Background：$\text{Background}(\alpha, \beta) \rightarrow \text{overlaps}(e_\alpha, e_\beta)$

背景修辞关系规则要求命题的背景信息表示的必须是状态。“背景的公理”（Axiom on Background）增加了关于所涉及的事件之间临时性关系的信息。如果一个命题 β 通过背景和 α 相联系，那么和 α 相关的事件与和 β 相关的事件必须暂时地“重叠”（overlap）。这种类型的信息可以用来帮助确定附着点，并且确保确定出正确的关系。我们看一个先设需要被纳入的例子来展示阿什尔和拉斯卡瑞德斯的处理方法：

（53）吴平的别墅很豪华。

按照阿什尔和拉斯卡瑞德斯的处理方法，吴平的别墅不会像在约束理论中那样被纳入到主话语表达结构中去，而是和一个背景修辞关系进行约束。因为这个先设在一个空语境中出现，那么只有断言语境的某个部分可以用来作为一个附着点，即“它很豪华”。在这样的情况中，整个语篇的主 SDRS（主分段话语表达结构）要首先和断言信息即“某物很豪华”一起更新，然后“吴平拥有一个别墅”这个先设就可以通过修辞关系被附着在断言信息上，这样 u 就可以消解到命题“它很豪华”，而 R 就被消解到背景。

2.3.2　双向最佳性理论

布鲁特纳（Blutner，2000）和齐瓦特（Zeevat，1999）对先设的约束理论进行了修改，提出了“双向最佳性理论”（Bidirectional Optimality Theory）。布鲁特纳认为，在话语的生成和解读中存在着可替换的形式，这可以解释先设表达形式在语用上的一些反常现象。

双向最佳性理论有三个重要成分，即 Gen（生成）、Con（限制条件）和 Eval（评估）。Gen 为一个给定的输入生成了所有可能的输出。Con 是一个有序的限制条件集合。Eval 则用来给每一个可能的输出进行评估，这是为那个给定的输入确定最佳的输出。最佳性理论的限制条件并不是硬性的条件，也就是说，它们是可以被违反的。最佳性理论的句法和语义是单向的。最佳性理论的句法首先被提供一个给定的意义，然后对可能的形式进行评估以确定表达这个意义的最佳形式，它所涉及的是说话者的话语生成。最佳理论的语义则被提供了一个形式，然后对可能的意义进行评估以确定一个最佳的解读，它所涉及的是听话者的理解。

布鲁特纳（Blutner，2000）所提出的最佳性理论是一个双向的模式，形式——解读这个序列对的评估是和其他的形式——解读序列对相联系的。一个超级最佳序列对 $< A, \tau >$ 指的是形式 A 总是能够得到最佳的解读，并且导致一个输出 τ。对先设的解读有两个限制条件，即“避免纳入”（Avoid Accommodation）和“强势”（Be Strong）。这两个限制条件的解释如下（Blutner，2000：209）：

避免纳入：把每一个必须要纳入的话语所指都看做是违反了限制条件。

强势：对具有更强的输出 τ 的序列对 $< A, \tau >$ 的评估要高于具有较弱的输出的序列对。

第一个限制条件表达的是约束优先于纳入，第二个限制条件要表达的是说话者会优先选择更强的解读，这一点被看做是高层次纳入优先于低层次纳入的根源。在这两个限制条件中，第一个条件优先于第二个条件。

双向最佳性理论对话语的解释和生成进行限制的语用学原则是基于“新格莱斯的合作原则”（neo-Gricean principles of cooperation）。布鲁特纳所使用的是经过阿特拉斯和莱文森（Atlas & Levinson，1981）以及“荷恩”（Horn，1984）修改过的新格莱斯合作原则中的“量原则”（Q-principle）和“信息原则”（I-principle）。它们的定义如下：

量原则：能说多少就尽量说多少（考虑到信息原则）（Horn，1984）

信息原则：不要说超过你必须要说的话（考虑到量原则）（Horn，1984）对一个话语要尽量地解读，条件是它和你所知的世界知识保持一致（Levinson，1983：146）

一般来说，双向最佳性理论使用量原则来限制生成，而使用信息原则来限制解读。不过按照定义，它们之间存在着依赖关系。在双向最佳性理论中，生成的最佳化和解读的最佳化之间是相互制约的。先设的约束是在解读中完全遵循信息原则的直接结果，即不做超过必须的解读。布鲁特纳还指出，某些阻挡纳入进行的情况是出于量原则作用的结果，即说话者不应该说超过他可以说的话。双向的角度可以用来解释阿什尔和拉斯卡瑞德斯（1998b：247）提出的一个问题例句：

（54）a. Speaker A：Did you hear about John?

b. Speaker B：No，what?

c. Speaker A：He had an accident. A car hit him.

d. Speaker A：He had an accident. ?? The car hit him.

阿什尔和拉斯卡瑞德斯认为，约束理论无法解释（54）c 和（54）d 在可接受性上的不同，因为二者的最终表达结构是一样的。但是在空语境中，（54）d 的可接受性显然比（54）c 的要差。布鲁特纳认为（54）c 和（54）d 可以看做是生成的可替换的表达形式，因为二者会生成同样的输出语境。（54）d 的处理会要求纳入“the car”，这就涉及首先要通过纳入先设来调整输入语境，然后再处理句子的剩余部分。这就意味着对（54）d 所进行的必要处理比（54）c 的处理更为复杂，并且在一个空语境中说话者会优先生成（54）c。（54）d 的形式通常会由于量原则而被阻挡，这就促使我们选择最简单的程序来得到所期望的输出语境，即（54）c。双向最佳理论可以预测到听话者能意识到说话者有另外可供选择的生成表达形式，我们对（54）d感到异常是因为我们意识到说话者本可以选择另外一个更为简单的形式，即（54）c。

避免纳入这个限制条件还可以用来解释纳入的准许条件。齐瓦特（Zeevat，1999）指出它可以用来解释为什么代词不能进行纳入操作，这是因为总是存在着一个不需要纳入的生成选择。如果存在着一个不要求纳入的相同的形式，那么说话者就永远不会生成那些要求纳入的形式。

上面所介绍的理论观点丰富了先设的约束理论，并且为先设的解读提供了新的途径。不过约束理论不是解决先设问题的唯一理论，还有另外一个目前非常流行的理论，它把先设看做是对语境更新的限制，这就是语境满足理论。

2.4　语境满足理论

“语境满足理论”（Context Satisfaction Theory）和约束理论是当前解决先设问题的两个最有影响力的理论。二者都是从动态语义理论出发来处理先设问题。语境满足理论起源于卡图南（Karttunen，1974）和斯特内克（Stalnaker，1974）关于先设问题的探讨，并且后来由海姆（Heim，1983）将其发展并使其进一步完善。此外，比沃（Beaver，1993、1997、2001）对语境满足理论的发展也作出了重大的贡献。语境满足理论所借助的语义理论和约束理论所基于的话语表达语义理论在语境更新的途径方面有很大的不同。和语境满足理论相关的语义理论包括“文档变换语义学”（File Change Semantics）（Heim，1983），“动态谓词逻辑理论”（Dynamic Predicate Logic）（Groenendijk & Stokhof，1991）以及“更新语义学”（Update Semantics）（Veltman，1996），我们把它们统称为语境变化语义理论。

在这些语义理论中，句子的意义被理解为影响其语境的重要因素，也就是说，意义是语言表达式影响其语境的函数。这和传统的处理意义的静态的真值条件语义理论有很大不同。真值条件语义理论把句子的意义处理为它的真值条件，所要探讨的是使句子为真的各种条件。在20世纪70年代，语义学领域内标志性的理论是蒙太古的模型理论，即逻辑语义学。按照蒙太古的模型理论，话语的意义可以通过逻辑式来表达，并支持对话语真值的计算，而这个计算过程是不依赖于语篇，或者说上下文而进行的，是一个静态的计算过程。该理论注重对单个句子意义的处理及其真值的验证。这种对意义的静态描述在某种程度上是受句法理论的影响，尤其是受乔姆斯基句法理论影响的结果，因为该理论以生成语言中全部合格的句子为其重要目标（方立，2000：353）。随着话语分析的兴起，语义学家们发现，一个句子的意义不仅取决于它本身的语义，也取决于其上下文或者说语境，即语言意义具有动态的特征。而传统逻辑语义学在处理超句子层面即语篇层面的意义时，特别是在处理时制、时态、代词的所指以及不定代词方面，就存在许多问题。为了处理这些问题，语义学家提出了一些动态语义理论以解决句子、语篇和语境的关系问题。

语境变换语义理论允许语境中的信息在解读前不需要一个中间层次的表达形式就可以更新。在这一点上它们和话语表达理论有很大的区别。在话语表达理论中，这个中间层次的表达形式是非常关键的，并且要在一个模型中进行解读。在语境变换语义理论中，每一个信息单位都可以是一个得到更新的语境，但是由于没有一个中间表达层次，这个更新的诱导过程没有留下记录。由于缺乏这个表达层次，语境变换语义理论在处理先设时存在一些问题。

我们上面提到，语境满足理论起源于卡图南、斯特内克和彼德斯等人关于先设的理论。他们认为，先设是话语的合适性条件和听说双方公认无异义的一组命题，或共同知识。也就是说，一个命题被先设当且仅当该命题在语境集合内的所有世界内都被认为是无异义的。海姆发展了他们的理论，她认为先设被看做是一个句子可以成立的语境的先决条件，而先设的计算推导则是在动态解读的框架内进行的。在这个框架内，句子成立的相关“语境”被看做谈话双方的共同知识，并且可以在交谈进行中得到修正。共同知识也被称为信息状态，而句子则被解读为“语境变化函数”（context change potential）。语境变化函数是将输入语境（说话者说出话语前的共同知识）投射到输出语境（听话者接受该话语后的共同知识）的函数（Heim，1983）。我们把信息状态或语境看做是可能世界的集合。在起始语境 c 中说出一句话 Φ 就会产生一个新的语境 c′，这个过程叫语境更新。

要使一个句子得到解读，其语境必须蕴涵或者说满足该句的先设。如果一个句子的先设在语境 c 中不能得到满足，那么更新的 c + Φ 便不能成立（即不能定义），或者说 c 不接受 Φ。例如“The king of France is wise”这句话要求有一个信息输入状态，也就是起始语境 c，在 c 中已经确定的，或者说蕴涵的是“There is one king of France”这个先设，否则“The king of France is wise”这句话在 c 中不能成立，那么 c + Φ 就成了一个怪异的信息状态 Ø（Ø 在集合论中代表空集）。

基于上述表述，对简单句而言，我们可以建立如下原则：

（55）如果语境 c 蕴涵句子 Φ 的所有基本先设，那么语境 c 就接受（满足）句子 Φ 的先设。

2.4.1　先设算子

比沃（Beaver，1993、1994）首先提出了先设算子的概念。他把先设算子写成 ∂，如果一个句子 Φ 先设一个命题 Ψ，那么这个先设就可以写成∂Ψ。比沃把句子的意义分为两部分，一个是先设，另一个是断言。例如：

（56）吴平后悔没买那本书。

这句话中，命题“（吴平）没买那本书”是先设，我们可以借用一个字母如 M 来表示。而断言是另一个命题，即吴平感到后悔的那种心理感受，我们借用字母 H 来表示。那么整句话就可以翻译为一个合取：∂M ∧ H（“∧”为合取联结词），这样我们就可以把句子的语义内容和先设并列起来，并在同一水平上进行处理。也就是说，如果一个句子 Φ 先设 Ψ，并具有非先设内容的断言 Ω，那么我们就可以把句子 Φ 翻译成∂Ψ ∧ Ω，从而凸显了先设 Ψ。

这个关于先设的假设也可以用来处理有定描写中的唯一性条件。比如：

（57）a. The king of France is bald.

b. $\exists x[King'(x) \wedge \neg \exists y[(y \neq x) \wedge King'(y)] \wedge bald'(x)]$

c. $\partial \exists x[King'(x) \wedge \neg \exists y[(y \neq x) \wedge King'(y)] \wedge bald'(x)]$

（57）a 由下列三个并列的命题组成：

（57）′a. 存在着一个个体 x，x 是法国国王。

b. 不存在着一个个体 y，y 是法国国王并且 y 不等于 x。

c. x 是秃子。

（57）b 表达的就是这三个命题。（57）c 借助先设算子∂凸现出"There is one and only one king of France（存在着一个并且仅有一个法国国王）"这个先设，这也是有定名词短语"The king of France"的唯一性条件。

将先设算子加在逻辑算子前会产生有意义的结果，它可以使一个先设和击发该先设的句子所组成的并列句变得不可交换（non-commutative）。在集合论中有一条法则叫交换律，表示为：a. $A \cup B = B \cup A$（即 A 和 B 的并集等于 B 和 A 的并集）和 b. $A \cap B = B \cap A$（即 A 和 B 的交集等于 B 和 A 的交集）（方立，1997：18）。我们刚刚提到，如果句子 Φ 先设命题 Ψ，我们可以将 Φ 写成 $\partial \Psi \wedge \Omega$。c 为起始语境，现在我们假设其中先设 Ψ 尚未得到满足，表示为 $c + \partial\Psi = \emptyset$，那么在这种情况下由命题 Ψ 所构成的句子 Ψ 和句子 Φ 的并列合取式（$\Psi \wedge \Phi$）[（即 $\Psi \wedge (\partial\Psi \wedge \Omega)$ 的缩略式］相对于 c 是可成立的，这是因为第一个句子 Ψ 已将此信息建立在更新的语境或输出信息状态 c′中，这样也就使第二个句子 Φ 在 c′中得到解读。但是（$\Phi \wedge \Psi$）［即 $(\partial\Psi \wedge \Omega) \wedge \Psi$ 的缩略式］则导致不可解读的信息状态，表示为 Ø，这是因为 Φ 的先设 Ψ 在 c 中尚未得到满足。证明如下：

（58）a. 假设 $c + \partial\Psi = \emptyset$，那么 $c + (\Psi \wedge \Phi) = c + (\Psi \wedge (\partial\Psi \wedge \Omega)) = (c + \Psi) + (\partial\Psi \wedge \Omega) = ((c + \Psi) + \partial\Psi) + \Omega$ 该结果不一定导致 Ø。

b. 但是因为 $c + \partial\Psi = \emptyset$，那么 $c + (\Phi \wedge \Psi) = c + ((\partial\Psi \wedge \Omega) \wedge \Psi) = c + (\partial\Psi \wedge \Omega) + \Psi = ((c + \partial\Psi) + \Omega) + \Psi = \emptyset$。

自然语言中的例句（仅以汉语和英语为例）也表明这种并列句是不可交换的：

（59） a. 吴平去过也门，而且只有吴平去过也门。

b. ＊只有吴平去过也门，而且吴平去过也门。

（60） a. Someone killed the duck，and it was the butcher who did it.

b. ＊It was the butcher who killed the duck，and someone killed the duck.

（61） a. There is a king of France，and he is wise.

b. ＊The king of France is wise，and there is a king of France.

概括来说，在并列句条件下，在第一个子句中出现先设的并列句是可以成立的，反之则不成立。正如沈家煊所指出的那样，先设作为一种特殊蕴涵是不可以加强的，添加出来是多余的（沈家煊，1987）。

2.4.2　语境满足法与先设的投射

任何语用先设理论都必须解决先设的投射问题。先设的动态解读框架有助于解决先设的投射问题。接下来我们要考虑一些复合句，在这些复合句中有一个子句包含一个先设。为简单起见，我们的句子中都包含短语“吴平的妻子”，它含有一个先设，即“吴平已婚”。

2.4.2.1　先设的投射与并列句

首先我们考虑一下并列句。从上面对先设的投射的描述中我们知道，并列句中的并列连词 and 为启断算子，在某些条件下，它会允许母句继承子句的先设，有时则不允许。我们假设并列句中第一个句子首先在起始语境 c 中得到解读，这样出现一个新的语境 c′，在这个新的语境中第二个句子得到解读，然后又出现一个新的语境 c″。其过程可以表示为：$c+\Phi\wedge\Omega=(c+\Phi)+\Omega$。例如：

（62）吴平有辆汽车，而且吴平的妻子会开车。

（63）吴平的妻子会开车，而且吴平有辆汽车。

在这两句中，“吴平已婚”这个先设最终都成为全句的先设，“而且”（相当于英语中的 and）表现出通启算子的性质，也就是说，（62）和（63）所解读的每一个信息状态都必须包含“吴平已婚”这个信息。我们可以借助先设算子对它们进行翻译：

（64）$c+(A\wedge(\partial\Psi\wedge B))=c+A+\partial\Psi+B$

（65）$c+((\partial\Psi\wedge B)\wedge A)=c+\partial\Psi+B+A$

其中 Ψ 代表“吴平已婚”，A 代表“吴平有辆汽车”，B 代表“吴平的妻子会开车”。在以上两个翻译式中，起始语境 c 必须已经包含“吴平已婚”这个信息，否则它必须被纳入（关于纳入的解释见下文）。在（64）中，c + A 是个得到更新的语境 c′，仅当∂Ψ 在起始语境 c 中得到满足时，也就是说这个先设已经为起始语境 c 所蕴涵时，∂Ψ 才能在新信息状态 c′中得到满足。在（65）中∂H 则首先在起始语境 c 中得到满足。

当并列句中的第一个分句包含了第二个分句的先设时，情况就不同了。比如下面这个例句和它的翻译式：

（66）吴平已经结婚了，而且吴平的妻子很幸福。

（67）$c+(\Psi+(\partial\Psi+B))=c+\Psi+\partial\Psi+B$

整个（66）并不先设“吴平已婚”，因为第一个分句已经清楚地表明了这个信息，所以第二个分句的先设并没有上升为整个句子的先设，这里“而且”表现为阻断算子的性质。按照对“∧”的解释，我们一旦把 c 和 Ψ 更新为 c + Ψ，那么先设∂Ψ 就会在这个局部输入语境中得到满足。为了使第二个分句得到解读，“而且”变成了阻断算子，阻挡其先设上升成为整个句子的先设。概括说来，如果（Φ∧Ω）先设 Ψ，那么要么是 Φ 先设 Ψ，要么是 Ω 先设 Ψ 并且 Φ 不蕴涵 Ψ，这正是卡图南（1974）所确定的启断算子的条件，表现出兼有通启算子和阻断算子的特征。

2.4.2.2 先设的投射与否定句

我们考虑一下否定句。当把一个否定句（表示为¬ Φ）加入到一个起始语境 c 时，我们要从 c 中删除掉所有能使句子 Φ 为真的可能世界。这个过程可以表示为：$c+(\neg\Phi)=c-(c+\Phi)$。我们看看以下例句：

（68）a. 吴平的妻子没有汽车。

b. 吴平的妻子有辆汽车。

（68）a 是（68）b 的否定句。（68）a 中含有“吴平已婚”这个先设，也就是说否定并不影响先设。卡图南称之为通启算子，我们再借助先设算子对它进行解读：

（69）$c+\neg(\partial\Psi\wedge A)=c-(c+(\partial\Psi\wedge A))=c-(c+\partial\Psi+A)$

其中，$\partial\Psi\wedge A$ 就是（69）b 的解读，$c-(c+(\partial\Psi\wedge A))$ 就是（68）a 在 c 中使用时所生成的信息状态或所有可能世界，即从语境 c 中减去能使（68）b 为真的信息状态或可能世界。自然这就首先要求假定（68）b 成立，而要使（68）b 成立的话，起始语境 c 就必须满足“吴平已婚”这个条件，这也是我们所期待的结果，即否定不影响先设。

2.4.2.3　先设的投射与条件句

我们再来看条件句。当把一个像（if Φ then Ω）即（$\Phi\rightarrow\Omega$）的条件句（其中→是蕴涵算子）加到一个起始语境 c 时，很明显我们要从 c 中删除掉那些在前件 Φ 中为真，但却在后件 Ω 中为假的可能世界。这个过程可以表现为如下语境变化规则：$c+(\Phi\rightarrow\Omega)=c-((c+\Phi)-((c+\Phi)+\Omega))$。其中，$(c+\Phi)+\Omega$ 指的是语境 c 中句子 Φ 和句子 Ω 都为真的可能世界集合，$(c+\Phi)$ 指的是语境 c 中句子 Φ 为真的可能世界集合，那么 $(c+\Phi)$ 减去 $(c+\Phi)+\Omega$ 就是先行分句 Φ 中为真，但却在结果分句 Ω 中为假的可能世界的集合，而这个集合正是我们要从 c 中删除掉的东西。比如：

（70）如果吴平戒烟的话，那么他的妻子就会很高兴。

（71）$c+(A\rightarrow\partial\Psi\wedge B)=c-((c+A)-((c+A)+\partial\Psi\wedge B))$

（72）如果吴平已经结婚了，那么他的妻子就会很幸福。

（73）$c+(\Psi\rightarrow\partial\Psi\wedge H)=c-((c+\Psi)-((c+\Psi)+\partial\Psi\wedge H))$

（71）是（70）的语境变化函数，其中字母 A 代表“吴平戒烟”，

$\partial\Psi$ 仍然代表“吴平已婚”这个先设信息，B 代表“他的妻子就会很高兴”。(73) 是 (72) 的语境变化函数，其中字母 H 代表“他的妻子就会很幸福”。在把 (71) 加入到起始语境 c 后，我们所要得出的输出语境应该只包含 (70) 为真的可能世界。该过程如下：首先，在把 (70) 的先行分句 A 加入到 c 时，更新的语境 c′只能包含“吴平戒烟”为真的可能世界；接下来，后件 B 加入到 c′时，更新的语境 c″只能包含“他的妻子就会很高兴”为真的可能世界，而删除掉结果分句为假即“他的妻子就会不高兴”的可能世界。

可以看出，(70) 和 (72) 的输入语境 c 被条件句中的先行分句增加为 (71) 中的 c + A 和 (73) 中的 c + Ψ，$\partial\Psi$ 就是在新增加的语境中进行计算。这两个句子的不同之处和我们处理并列句时的情况一样，也就是说二者具有相同的先设继承条件。在 (71) 中，先设$\partial\Psi$ 应该已经在 c 中得到满足，这样其结果分句的先设就上升成为整个句子的先设。蕴涵算子“→”表现为通启算子。在 (73) 中，我们发现在 c 由 Ψ (即“吴平已婚”) 更新后，先设$\partial\Psi$ 已经在 c + Ψ 这个局部语境中得到满足，因此无需事先在 c 中得到满足。这样，蕴涵算子“→”就变成了阻断算子，阻挡了结果分句的先设上升成为整个句子的先设。简单地说，每一个和先行分句“吴平已经结婚了”一起更新的语境都要蕴涵“吴平有个妻子”这个信息，因此结果分句“那么他的妻子就会很幸福”可以在这个更新的语境中解读。概括说来，条件句中的蕴涵算子“→”和并列句中的合取算子“∧”都是启断算子，具有相同的通启条件，如果 (Φ→Ω) 先设 Ψ，那么要么是 Φ 先设 Ψ，要么是 Ω 先设 Ψ 并且 Φ 不蕴涵 Ψ，这正是卡图南 (1974) 所确定的启断算子的条件，表现出兼有通启算子和阻断算子的特征。

2.4.3 语境满足理论与先设的纳入

我们在上一节描述约束理论时介绍了约束理论对纳入的处理。语境满足理论也有自己的处理纳入的方法。

按照语境满足理论，先设纳入语境有两种方法：整体纳入和局部纳入。假设有一个复合句 (... Φ...)，而 Φ 击发先设 Ψ，那么 Ψ 就要求我们对语境 c 进行纳入。这时我们有两个选择：

（74） 如果起始语境 c 不包含 Ψ 的信息而使 c 不接受（...Φ...），那么就将 c 纳入到更新的语境 c′中，使 c′接受（...Φ...）。

（75） 如果起始语境 c 不包含 Ψ 的信息而使 c 不接受（...Φ...），那么就开始尽可能处理（...Φ...）。在此过程中，c 将被改变为某个更新的语境 c′。只有当 c′ + Φ 可以被解读时，c′才能被纳入，并改变为 c″。

海姆（Heim，1992）将这两个选择分别称作整体纳入和局部纳入。两者的不同之处是：在整体纳入中，在句子得到处理后，纳入的信息仍能保持在语境中。而在局部纳入中，在计算一个句子时，我们在局部语境中调整信息，并且一般来说，在我们处理完句子后，该信息在语境中不能生存下来。我们只是在需要时才在语境中加入先设并且只暂时留在语境中。虽然对于整体纳入和局部纳入的优先性目前仍存在争议，我们通常把整体纳入当做常规解读，关于这方面的讨论可参阅卡德曼的相关文献（Kadmon，2001：171 ~ 174）。

2.4.3.1 纳入与否定句

假设句子 Φ 先设 Ψ，而语境 c 并不蕴涵 Ψ，这就意味着起始语境 c 不接受句子 Φ，那么我们就必须对先设 Ψ 进行纳入。上面已经提到，Φ 的否定句语境变化规则为：$c + \neg\ \Phi = c - (c + \Phi)$，而现在 c 不接受 Φ，也就是说 $c + \Phi$ 尚未定义，那么我们对先设 Ψ 的纳入有两个选择：

（76） 局部纳入：把 $c - (c + \Psi + \Phi)$ 作为输出语境。

（77） 整体纳入：把 $(c + \Psi) + \neg\ \Phi = (c + \Psi) - (c + \Psi + \Phi)$ 作为输出语境。

可以看出，两者主要区别是在局部纳入中，纳入的信息即 $c + \Psi$ 并没有在更新的语境中保持下来，而在整体纳入中它成为更新的语境的一个部分。这样看来，一般的否定句涉及的是整体纳入。比如：

（78） 吴平的妻子没有汽车。

（78）的局部纳入是：$c + \neg\ (\partial\Psi \wedge A) = c - (c + \Psi + \partial\Psi + A)$。这里要注意的是，新增加的先设信息 $c + \Psi$ 即“吴平已婚”没有生存下来，这是因为 $(c + \Psi + \partial\Psi + A)$ 要从语境 c 中删除掉，所以我们不能

采用局部纳入来处理否定句的先设。

（78）的整体纳入是：$c+\neg(\partial\Psi\wedge A)=c+\Psi+(c-(c+\Psi+\partial\Psi+A))$。可以看出，即使听话者起初不知道吴平是否已婚，在他听到（78）时，在解读否定算子“¬”之前就会纳入“吴平已婚”即$c+\Psi$这个信息，并且这个信息也会保持在输出信息中。因此，在对否定句先设进行纳入时，整体纳入优于局部纳入。

2.4.3.2　纳入与并列句

在并列句的条件下，无所谓整体纳入或局部纳入，因为结果是一样的。并列句$\Phi\wedge\Omega$的语境变化规则为$c+(\Phi\wedge\Omega)=c+\Phi+\Omega$。我们还以上面的句（62）为例：

（62）吴平有辆汽车，而且吴平的妻子会开车。

（62）的局部纳入是：$c+(A\wedge(\partial\Psi\wedge B))=c+A+\Psi+\partial\Psi+B$；（62）的整体纳入是：$c+(A\wedge(\partial\Psi\wedge B))=c+\Psi+(c+A+\partial\Psi+B))$。可以看出，无论是在局部纳入还是整体纳入中，所纳入的先设信息$c+\Psi$即“吴平已婚”都保留在输出语境中，未被删除。

2.4.3.3　纳入与条件句

前面已经提到，条件句的语境变化规则为：$c+(\Phi\rightarrow\Omega)=c-((c+\Phi)-((c+\Phi)+\Omega))$。由于条件句的语境变化涉及语境的删除，我们应该期望整体纳入和局部纳入有所不同。我们以上面的句（70）为例：

（70）如果吴平戒烟的话，那么他的妻子就会很高兴。

（70）的局部纳入是：$c+(A\rightarrow\partial\Psi\wedge B)=c-((c+A)-(c+A+\Psi+\partial\Psi+B)$；（70）的整体纳入是：$c+(A\rightarrow\partial\Psi\wedge B)=c+\Psi+(c-(c+A)-(c+A+\partial\Psi+B))$。可以看出，和否定句的情况一样，在局部纳入时，纳入的先设信息$c+\Psi$即“吴平已婚”被删除，无法生存下来。在整体纳入中，当听话人接受句（70）时，就会永远纳入$c+\Psi$即“吴平已婚”这个信息，使之保留在更新的语境中，因此在条件句中整体纳入优于局部纳入。

2.5　约束理论和语境满足理论的比较

那么约束理论和语境满足理论哪个能更好地运用在语篇分析上呢?首先，在概念上，约束理论要更容易些。表面上看，检查一个语境来看先设信息是否被满足和检查一个表达式来看是否存在一个合适、可及的话语所指是两件相似的工作，但实质上两者有很大不同。差别在于一个是把先设当做是可以操作和解读的语言实体，一个是把先设看做是对语境的要求。这表明二者对意义的解释有差别。话语表达理论中话语表达式的连续性构成方式能够直截了当地反映话语的自然状态。在语境变化理论中，在开始分析时我们首先需要创建空语境的起始表达式。但是在语境变化理论中，空语境是所有可能世界的集合，对此目前尚无明确的途径来生成和定义以便应用在实际操作中。另外，在语篇解读中，语境变化理论目前还缺乏完备的借助可能世界来阐释意义的方法，至少在分析过程的每一个阶段的语境中我们还需要定义所要设想的语境状态，而使用话语表达结构就清楚得多了。

目前大多数语言学家都认为，约束理论在实践上更具有意义，并且人们已经利用约束理论解决了不少先设理论中的典型难题。这个理论按照严格的程序和话语的自然输入状态构架而成，这就使它易于应用在语篇分析上。另外，它是在话语表达理论框架下操作的，而人们已经利用这个理论作了大量的书面语篇的照应消解工作，这样就便于将目前的先设作为照应语的研究和别的研究成果进行比较。除此之外，约束理论对约束的确定和纳入的层次有更为完善的操作程序。在这点上它优于语境满足理论在确定语境满足和纳入上的操作。这也是因为约束理论是在一个更为支持表达式和分析的框架中进行应用的。

语境满足理论仅仅要求先设在语境中得到满足，但是语境如何满足和语境更新是否可能二者之间还缺乏相关性。范·德·森德特认为，语境满足理论没有考虑到说话者会有更多的先设要满足的可能性，也就是说，在语篇中存在着超过一个可能的先行语的可能性。语境满足理论在处理这样的歧义句方面存在困难。但是约束理论可以处理这样的歧义句，因为消解过程本身要求确定正确的先行语。在这个基本问题上，先设的照应约束理论比语境满足理论更能清晰地把先设和语篇的剩余部分联系起来，因此更适合于实际分析。

2.6 小结

我们介绍了先设研究的历史和关于这个语言现象的主要理论和研究方法，展示了目前最为流行的从动态的角度分析先设问题的两个典型的理论，并且对二者进行了粗略的比较。我们在本书中将主要应用约束理论以及和它相关的理论来分析自然口语语篇，同时对这些理论所提出的一些观点进行讨论。从上面的介绍中，我们已经了解到这些理论在先设的功能上所遇到的尚未解决的问题，或许自然语境中的语料可以帮助我们对这些问题进行更深一步的讨论，并且对相关的理论提出一些修改和补充的意见。

第三章

语料及其分析

目前对先设的研究大多集中在理论层面上。通常来说，语言学家研究的目标是揭示先设的逻辑特征以及其他影响先设的语言和语境因素。研究人员按照研究的目的和方向创造出例句。他们对例句的分析是基于逻辑语义学和形式语义学的方法。这些句子大多是包含不同逻辑算子所引导的内嵌形式的复合句，然后展示其中的先设在不同的内嵌语境中如何与逻辑算子相互作用，并借此分析先设表达形式和先设击发语的语义和语用特征。

3.1 语料的收集和分析

关于先设的理论研究在很大程度上揭示了先设的本质，特别是为我们研究先设问题提供了方法论的支持，并且对先设的语篇分析提出了一些预测的观点和指导方针。在本研究中，我们将主要利用约束理论以及约束理论的两个主要的扩展理论，即分段话语表达理论和双向最佳性理论来分析语料。不过，这些理论研究方法也存在着问题，它们强调先设的逻辑语义特征，但一直忽视在实际语篇中的应用，特别是忽视在自然语境中对先设进行语篇分析，而自然语篇则可以从各个方面对先设的本质及其使用提供研究材料。在英语自然语篇先设的研究方面，斯宾内德做了有益的研究工作（Spenader，2002）。与理论研究中的人工例句相比，自然语篇的语境非常丰富。某些人工例句没有或者缺乏语境，这样就会出现无法进行消解或者有多种消解可能性的情况。但是在自然语篇中，语境可以提供清晰的线索来帮助我们确定采用何种先设的消解途径。观察自然语境中的例子可以对先设的一些传统问题提供新的视角，同时也可以提出新的问题。自然语篇分析可以充分地展示先设的不同消解特征，还可以帮助我们了解话语参与者使用先设的情况。通过分析我们能够发现，在话语参与者的交流中先设具有哪些其他语言手段所不具备的特征，还可以了解先设究竟如何帮助听话者理解信息。

从先设的使用和语篇表现上看，书面语篇和口语语篇有各自不同的特征。就像书面语篇一样，口语语篇从文体特征、使用目的和方法以及正式程度上也可以分为不同的类型。我们这个研究中的语料是双人或者多人在自然状态下的对话，话语参与者是同学、朋友、夫妻和师生，其语体的正式程度较低。书面语篇在印刷后可以永远保留，读者可以随时翻阅语篇的各个部分来检查其中的先设。与此相对的是，口语语篇是动态的，并且是在一个互动语境中进行的。由于先设是动态地参与到这个交际过程中的，话语参与者对先设的理解会受到诸如外部环境以及记忆的影响和限制。当然听话者可以随时要求说话者重复刚才所讲的话，但是为了保持话语的连贯性，听话者在一般情况下不会这么做，这也就可能造成对先设的误解和消解的误操作，从而影响对话语的理解。如果说话者意识到了听话者理解上的错误，他还可以使用某种先设表达形式进行修正，达到交际的目的。这种口语语篇的特征在书面语篇中很难找到。虽然某些书面语篇针对的是某些特别的读者群体，但是大多数书面语篇的读者可以是任何人，并且这个交际过程是单方面的，非互动的。而在我们的口语语篇分析中，话语参与者之间的关系不像书面语篇那么单纯，语篇参与者的不同也可以导致先设使用上的差异。

我们目前的研究共采集了 35 组对话，采用的是现场录音的方法并进行了转写。这些对话大多数是两个人之间的对话，也有三个人或者多人的对话。对话参与者为同学、师生、朋友、夫妻和同事等，彼此之间比较了解。在本研究中，我们将使用简化的 Stenström 转写模式进行转写，以便阅读。按照这种转写模式，“［ ］”表示说话者之间的话语重叠，“...”表示话语停顿，点数越多表示停顿时间越长，“@”表示笑声。

我们目前的研究还存在着一些问题和困难。口语对话的句子结构简单，通常不够完整，有些句子从句法结构上来说是不符合语法的；口语中会经常重复，会省略主语和所指；对话有时会被外人或者突发的事件所打断，然后又重新开始；说话者之间的话语也会被对方所打断（王得杏，1998：114～115）；有的对话中，说话者提到的事情和事件是我们在转写时无法理解的。有的对话中，尤其是两个人以上的对话中经常有话语重叠。这些问题会给我们确定照应关系造成困难。

另外，转写的语料还会出现一些读者看来有问题的信息。比如说交谈者之间的共同知识。对话中经常会有一些对解读者来说是完全陌生的对个人、事件、地点和某些过程的指称。这对先设信息的分析会有影响，尤其是那些涉及纳入的语篇。还有，交谈者会使用身体语言来指称周围的事物，这是转写无法表示的。不过这样的指称通过检查话语的语境一般能够了解它们的指称对象，总的来说，这对我们的分析没有造成很大的影响。

我们的分析是基于第二章中所介绍的约束理论的方法，采用的是如下步骤：

1）确定击发语表达式以及由击发语所击发的先设。

2）开始进行约束操作。观察击发的信息是否在语篇中出现，如果发现了与先设信息相同或者相似的信息，我们就可以将其确定为先设的先行语。

3）如果有多个与先设信息相似的信息可以作为先行语的话，先设信息需要和线性结构上最近的先行语进行约束。

4）如果找不到与先设信息相同或者相似的信息，即无法为先设确定先行语，那么击发的先设信息就需要被纳入。

5）将先设信息加入到主语境中。如果加入的结果符合信息性和一致性的限制条件，那么生成的就是一个合格的话语表达结构，其中所有的变元都得到了约束。这也就意味着先设被整体纳入到了主语境。

6）如果整体纳入不成功，那就沿着先设被击发的语境中的可及性路径去尝试主语境下面层级中的内嵌语境，直到到达的内嵌语境和先设被击发的语境相同。这就是局部纳入。

我们将用转写的材料来讨论先设的相关理论问题，并且在话语表达的层次上讨论先设的消解问题。在需要澄清问题的时候，我们会用话语表达结构来表示相关的信息。

我们分析中涉及的内嵌语境主要是由模态算子（包括道义动词）如“可以、也许、会、应该、必须、不得不”等，以及否定算子如“不、没有”等，和蕴涵算子如“如果……那么”等引导。

3.2 先设击发语的种类和分析结果

先设的击发语种类很多，莱文森对它们有过比较详细的分类（Levinson，1983：181～185）。目前有些学者对汉语中的先设击发语进行了研究（石安石，1994；吴为章，1999；涂纪亮，1988；蓝纯，1999；左思民，2000；戴耀晶，2001），张斌还分析了复句关联词语的击发语功能（文炼，2002）。不过总的来说，我们对汉语中先设击发语的研究还处于起步阶段，还缺乏深度和广度。我们在语料分析中选用了具有代表性的几种击发语，没有考虑那些有争议的击发语。我们的分析中涉及的主要击发语是叙实性动词、状态变化动词、表示类同的词语、表示重复的词语、强调句式以及有定描写。

叙实性动词又称实情动词，其宾语反映的是说话者心目中认为已经发生的事实。这类动词主要包括一部分心理活动动词（不包括“希望、同意”这类表示愿望、意见等的主观性强的心理活动动词），如“爱、恨、喜欢、讨厌、厌恶、羡慕、烦、害怕、可怜、钦佩、佩服、嫌弃、珍爱、感激、感谢、后悔、尊重、欣赏、发愁、轻视、伤心、失望、遗憾、自豪、高兴、懊恼、难过、奇怪”等；一部分感知经验动词（不包括“估计、认为”这类表主观推测、主观见解等的词），如“知道、懂得、意识到、体会到、记住、躲避、明白、忽略、想起”等；评价动词，如“批评、谴责、指责、控诉、表扬、赞扬、揭露、责备”等。

状态变化动词表示某种状态的改变，这种变化主要表现为时间上的对立和依存，击发的先设是状态变化前的情形的存在。这类词有“开始、出发、停止、结束、起来（限于用在动词或形容词后，表动作开始义）、继续、离开、到达、进入、来、去、变”等（马宁，2004）。

表示类同的词语所击发的是一个事件或状态的先设，这个事件或者状态的类型与其辖域中的某个事件或状态的类型相似。在我们的语料中表示类同的词语主要是副词“也”。陆俭明、马真（1999：22～30）认为，在现代汉语中，副词“也”的基本作用是表示类同。他们还区分了“也”的实用用法和虚用用法，这就对应于先设的约束和纳入的消解操作。“也”除了表类同外，还能表示委婉语气，但这不属于我们考查的范围。

表示重复的词语是表示某种动作、性状的反复或延续，汉语中最典型的是副词，此外还有一些动词，如“再、还、又、重新、恢复”等，击发的先设是某种动作、性状曾经发生或存在过。陆俭明、马真（1999：128～130）指出，表重复的副词有狭义和广义两种理解。表重复的副词击发的先设一般是前后发生或进行的动作行为及所涉及的对象一样，这是重复的狭义理解。不过，在用于陈述过去发生的事情时，“再、还”等表示追加，或者前后动作一样，但动作支配对象不同，或者支配对象一样，但动作不同，这是重复的广义理解。这样击发的先设分别是动作行为的重复或者是支配对象的重复。

在强调句式中，对比焦点是句子中最被突出和强调的信息，以句子的其余部分为背景，所以有［突出］的特征；同时又是针对上下文或共享知识中（尤其是听话人先设中）存在的特定对象或所有其他同类对象而特意突出的，有跟句外的背景对象对比的作用，所以又有［对比］的特征（刘丹青、徐烈炯，1998）。对比焦点含有可以明显推导的先设，用上位概念替换对比焦点，即可得到该句的先设。表现对比焦点的语法标记主要有“是”和“是……的”，用在对比焦点之前。当句子表示过去发生的事情时，如果对比焦点是状语或谓语，这时中心谓语动词后用动态助词“的”（“的”也是焦点标记）。另外，朱德熙（1982：192）和吕叔湘（1980：325）都提到过“连”字句像“连……也/都……”这种结构的句子所起到的强调作用。崔希亮（2001：54～64）、方梅（1995）认为，“连”标示了对比焦点。比较是“连”字句存在的基础，“连”后的成分是一个对比性话题，用于表现极性对比。以单句形式出现的“连”字句隐含着与句外背景成分的对比。“连”是一个前置的话题焦点的标记，它所带的成分属于话题焦点，话题焦点表现在跟句外成分的对比上，起到了强调作用，因此，我们也把这种句式归为强调句式。“连”字句的先设通常是双方认可的一种主观评价，属心理先设。

有定描写也称定指描写、特指描写、有定摹状词、定指成分，即发话人“使用某个名词性成分时，如果预料受话人能够将所指对象与语境中某个特定的事物等同起来，能够把它与同一语境中可能存在的其他同类实体区分开来，我们称该名词性成分为定指成分”（陈平，1987a）。它指称特定对象，意味着特定实体的存在，是一类很典型的先设击发语，多击发存在先设。有定描写可以包括专有名称、限定性定中短语、表定指的代词、同位短语等。

下表是我们对语料的击发语和先设的约束以及纳入的统计。

表1 每一类击发语的数量以及它们所击发的先设的约束和纳入的比例

击发语类型	数量	约束	纳入
叙实性动词	285	91（32%）	194（68%）
状态变化动词	68	27（39.7%）	41（60.3%）
表示类同的词语	151	131（86.7%）	20（13.3%）
表示重复的词语	175	150（85.7%）	25（14.3%）
强调句式	36	21（58.3%）	15（41.7%）
有定描写（1）*	1432	550（38.4%）	581（40.6%）
有定描写（2）	1432	523（36.5%）	534（37.3%）

*有定描写包括两个注解者的分析结果

第四章

先设的约束消解

先设的约束理论认为，先设在本质上就是一种照应语。要证明这个观点，我们需要通过语料分析来表明语篇中受约束的先设和受约束的代词照应语有相同或者相似的特征，同时还要表明说话者使用以及听话者理解这些先设的方式和代词照应语的方式相类似。我们认为，先设和代词照应表达形式之间在语篇中的表现应该还有差异。约束理论以及分段话语表达理论和双向最佳性理论认为，与代词照应表达形式相比，先设表达形式具有更为丰富的描写内容，同时先设表达形式和语篇中的信息存在着某些修辞关系，所以先设应该能够比照应表达式完成更多的语篇功能。

在先设的约束操作中，我们需要在语篇中寻找与先设相同或者相似的信息，表达这个信息的语言表达形式就是先设的先行语。先设要和它的先行语进行约束，这就是先设的约束消解。这个消解过程和代词照应形式在“话语表达结构”（discourse representation structure，即 DRS）中的消解过程是一样的。不过我们认为作为照应语的先设表达形式的约束消解要更为复杂一些，尤其是在自然语境中还要涉及话语参与者对先设的使用和对先设约束的理解和感知，所以对先设的约束消解机制的分析有助于我们进一步探索先设的本质。

4.1　代词照应语的约束消解

我们在第二章的理论背景介绍中已经展示了在语境很有限的语篇

中，先设表达形式和照应表达形式的表现是一致的。我们现在要探讨在语境更丰富的语篇中二者的一致性或者相似性是否还能存在，这就需要我们分析语篇中代词照应语的特征，并且将指称抽象事物的代词照应语和击发抽象先设的击发语进行比较。代词照应语和作为先设击发语的有定描写通常都用来指称语篇中具体的个体，二者在消解和语篇功能上基本相同，这一点没有什么争议。我们需要特别关注的是由叙实性动词、状态变化动词、强调句式和表示类同以及表示重复的词语所击发的指称非具体事物或者说抽象事物的先设。

照应是指某些词语（即照应语）自身缺乏清楚独立的指称，必须通过与其他词语（即先行语）相关联而获得指称和解释的语言现象。照应包括了代词指称和各种省略现象。它们的共同之处就是一个成分或者结构的解读需要和语境中另一个成分相结合才能完成（Levinson，1983：67；徐烈炯，1999：177～180；彭家法，2006）。可以看出，对照应关系的理解需要结合语篇中的相关信息，也就是说照应关系的要点之一就是语境依赖性。照应表达式和先行语表达式在形式上经常有一定的差异，通常需要语境来理清二者的关系，这是造成它们的语境依赖性的一个直接原因。对照应表达形式进行约束操作时，我们需要借助语篇中的信息所构成的语境来寻找正确的先行语。代词有各自的语义特征，如数和性，这有助于我们在前面的语篇中选择一个合适的先行语。另外，照应表达式的描写内容以及关于照应语的世界知识都会对其先行语的确定有所帮助（陈平，1987a、1987b）。如果照应表达式本身的描写信息非常少，那么先行语的确定就需要特别依赖照应表达式所在的语境所能提供的信息。另外，在存在多个可能的先行语的情况下，单凭照应语的语义特征并不能帮助它确定正确的先行词，那么关于照应语的世界知识就成了确定先行语的一个重要线索。比如：

（1）这个新兵在向连长提出不同看法。他语气谦恭，尽量不使长官感到难堪。

在这个例子中，第二句中的人称代词“他”是一个照应语，需要和前面语篇中的一个先行词进行约束来完成消解。但是在第一句中存在着两个可能的先行词，一个是“这个新兵”，另外一个是“连长”，从“他”的语义特征来说，这两个语言形式都可以作为合格的先行词。所以在这个例子中我们不能单靠语义特征来确定先行词。我们可以借助人们对照应语的世界知识来为它确定先行词。按照人们的世界知识，我们可以推断出长官应该是连长，并且在军队中下级对上级说话，尤其是提意见时应该用恭敬的口吻，所以基于这些信息我们应该确定“他”的先行词是“这个新兵”。这样关于“他”的所指对象的世界知识帮助我们确定了它的先行词。

我们目前研究的大多数先设击发语所击发的是语义上抽象的事物，所以我们要检查一下指称抽象事物的代词照应问题。这种照应关系在文献中有很多不同的称呼，比如，“语篇指示词”（discourse deixis）（Webber，1991；Eckert & Strube，2000）、“情景照应关系”（situation anaphora）（Fraurud，1992）以及“抽象事物照应关系”（Asher，1993）。这些都用来表示对情景、事实、事件、命题以及语篇片段信息的照应关系。另外，这些照应关系经常涉及“类转化”（type-shifting）的问题。类转化指的是某一个语义类的一个抽象事物，比如说一个事件是另一个语义类的一个抽象事物，比如说一个事实的先行词（Vendler，1967；Asher，1993）。方梅（2002）把这个现象称为指示词的语篇用法。比如下面的例子：

（2）——听说你揍过他？

——揍，这你也听说了？（方梅，2002）

（3）Wu Ping bought a new car last week. Everyone in the College of Foreign Languages knows it.

汉语中指示词“这”的所指可以是上文中提到过的陈述或者上文所述事件，也就是说，它指称的是语义抽象的事物。在例（2）中，指示词“这”的所指是上文所述的“你揍过他”这个事件。

在例（3）中，叙实性动词 know 后面一个表示抽象事物的照应语 it 所指称的是一个语义事件，这个照应语应该以一个事实为先行词。这个事实是从带下画线的句子所表示的事件推导出来的。照应表达式的语义类是由句子中的谓词表示的，谓词的功能相当于一个论元，比如上面的叙实性动词 know 就表示照应关系指称的是一个事实。就对先行语的可获得性而言，语篇结构对抽象事物的影响或限制要超过照应指称对具体个体的影响或限制。这是因为通常用于指称抽象事物的照应表达形式，如 that 或 it，以及汉语中的“这”和“那”的语义内容非常简单而且很不明确，有时我们无法确定其指称对象。另外，在很多情况下，我们需要依赖语篇的语境来确定照应关系，这是因为语篇的语境信息可以帮助我们确定话语所指（特别是指称抽象事物的话语所指）的语义内容（Eckert & Strube，2000）。

4.2 先设的击发语和先设的约束

先设的约束理论的一个关键步骤就是为先设确定先行语，了解先行语和先设之间的关系也有助于我们将照应约束和先设约束进行比较。要确定先行语，首先要确定击发语所击发的先设，然后检查语篇中是否有和先设相同或相似的信息。这种信息的相似性是确定先行语的主要标准。从第三章的表 1 中可以看出，约束并不是先设最主要的消解手段。由有定描写所击发的先设仅有不到 40% 有先行语。福劳鲁德（Fraurud，1990）以及波伊西奥和维埃拉（Poesio & Vieira，1998）的研究发现，有定描写的最重要的使用并非是作为照应指称。我们目前的数据证实，在口语语篇中情况也是这样。对叙实性动词和状态变化动词的约束比例也不高，分别为 32% 和 39.7%。击发语中最有可能通过约束来消解的是强调句式和表示重复以及类同的词语，分别为 58.3%、85.7% 和 86.7%。

受约束的先设应该指称语篇中已经存在的信息。我们在上面已经提到确定先行语的一个基本标准就是它和先设之间信息的相似性。然而，如果先设的描写内容太多，那么确定先行语就会变得非常困难。如果所击发的先设是具体的个体，我们能比较容易地在语篇中找到这个个体的话语所指，这二者具有相似的语义特征。但是对指称抽象事物的照应语来说，确定一个合适的先行语就比较困难，这要求我们将两个语言表达形式的信息进行比较。我们先举几个消解比较简单的例子，其照应关系是基于语义上的等同或者相似。

对有定描写来说，在很多情况下先设表达式中名词的语言形式和先行语中名词的语言形式几乎完全相同，这就使先行语的确定工作变得非常简单。例如：

(4) 有定描写，击发的先设：存在着一位司机

乙：我我告诉你一个真的事情，

我从深圳前几天...

从深圳机场出来.

甲：嗯，

乙：坐坐... 出租车，

甲：嗯，

乙：一路在打电话，

打电话打到一半，

我就问司机（A），

我说你怎么忽然开得这么慢了，

他从高速公路下来，

开到旁边小路，

我说你怎么开得这么慢了，

那司机说我睡着了.（B）

丙：啧啧啧啧啧.

在这个例子中，有定名词短语“那司机”击发了一个存在先设“存在着某个司机”，而前面语篇中（A）“司机”很明显是这个先设的先行语，这个照应关系是一目了然的。不过对叙实性动词、状态变化动词、强调句式和表示重复和类同的词语来说，我们很难找到它们所击发的抽象先设和前面语篇中的语言表达式在语言形式上有完全相同的例子。也就是说，在这些语篇中通过简单的先设——先行语配对的方法是有难度的。在这种情况下我们就要通过别的途径，如借助先设信息和可能的先行语之间所存在的清楚的、可以确定的词汇关系来确定约束关系。比如：

(5) 表示重复的词语，击发的先设：她以前去换过药

甲：要搁着一般的，

还不得开一堆消炎药［啊］.

乙：［嗯］... 宰你，

宰人呗.

甲：她那个烫得挺严重的，

换完药（A）我们还问呢，
要不要口服什么药呀，
人家说不用，
而且，
后来她又去换了好几次药，(B)
门诊的．嗯门诊，
好几个不同的大夫，
有一个特幽默，
问我丈母娘是不是共产党员．

乙：@@，铁老太太．

话语（B）中的“又”所击发的先设与话语（A）的“换药”事件之间存在着照应关系，表示（A）中动作的重复，并且使（B）中的先设得到了约束消解。

我们再看一下强调句式所击发的先设的例子：

(6) 强调句式，击发的先设：某些人很黑心

乙：那种老板最可恨了，
为富不仁，
抓住一个就什么应该枪毙一个，
先狠狠罚，
罚他个倾家荡产．

甲：还有煤矿老板挺黑的．

乙：是那些山西小煤窑的老板很... 最黑心．

先设的约束消解有一个基本要求，那就是能找到一个词语，它可以确定语义关系相近的不同词语。上面这个例（6）展示了强调句式所击发的先设的特点。强调句式所击发的先设要表明的是存在着一个特定的事件或者情景，但是该事件的一个主要论元缺失，通常是因为该论元的特征不够明确。当约束时，我们需要把先设的信息和缺失的论元与前面语境中的一个相同信息匹配起来，这样作为先行语的信息就会使该论元实例化。我们再看一个例子：

(7) 强调句式，击发的先设：某人罚了我（甲）

甲：@@@你这不也挺好，

上班离家近，
从来不用... 不担心那个堵车呀，
罚分呀，
我才被罚了.（A）
乙：那倒是，
我跟我老婆晚上，
我五点多的时候经常听交通台.
甲：[交通] ...
乙：[像我] 们这种啊，
不乘车哈又听交通台的可能很少.
甲：就是，
你们听... 听交通台干什么？
乙：我们@@比较邪恶，
听着哪儿堵车了，
我们就觉得嗯特幸福，
可以在家里待着，
不用在路上那个啥奔波，
不过不是幸灾 [乐祸啊].
甲：[你们还] 还真会找乐子.
乙：尤其是下雨下雪的时候.
甲：嗯，
那会儿可要命了，
人都急，
警察盯得也狠，
前天. 哎.
就是城铁站底下那个那个警察罚的我，（B）
说我那什么... 骑黄线了.

在这个例子中，话语（A）陈述了甲被罚款这个事件，而话语（B）陈述的是某人罚甲这个事件。在（A）中，“罚”这个动作的发出者因为没有相关性，所以并没有在前一个句子中出现。而后来在（B）中这个个体具有了相关性，于是他就被引入到语篇，这样“罚”这个动作和动作发出者之间的关系就建立起来了。为了消解先设信息，我们需要检查先前的语篇语境来看是否有一个甲被某人罚的事件，结果在话语（A）中找到了这个事件。我们可以看出，在这里先设信息的功能是帮助再次确定相同的事件，目的是为了提供附加信息以表明那是话语的焦点。

我们下面要举的例子是关于状态变化动词的。状态变化词语先设的是状态。它们在话语中被发出时所确定的是存在或者不存在一个状态的改变，也就是说一个状态要么持续、要么开始或者结束。

（8）状态变化动词，击发的先设：某人从前不喜欢看（韩剧）

乙：你看韩剧吗？

甲：基本上不怎么看，

哎呀太婆婆妈妈了，

好么，

动不动就好几十集，

还有是不是上百集的是吧？

乙：嗯，

《人鱼小姐》就特长.

甲：那要是一旦看进去是不是就出不来了，

就就拔不出 [来了].

乙：[就是]，

我本来其实不爱看韩剧.

甲：嗯节奏挺慢的吧，

我听说吃一顿饭能拍好几集.

乙：虽然没那么夸张也差不多，

不过里面有一些挺... 那什么. 比较有意思的细节，

挺生活的，

我其实... 嗯...

其实... 我... 从今年才开始喜欢看了 .

下面我们展示表示类同的词语所击发的先设的例子。我们在前面提到过，表示类同的词语所击发的是一个事件或状态的先设，这个事件或者状态的类型与其辖域中的某个事件或状态的类型相似，我们把后面这个事件或者状态称为“主题”。与该主题相联系的有一个焦点成分，它和另一个并列的论元与表示对比的词语所在话语中的论元相对。在下面这个例子中，两个说话者在谈论手动变焦照相的事情。甲用“也”来强调手动变焦照出的照片清楚。与这个主题相关的焦点就是甲使用的击发表达形式，以及乙的先行语表达形式。还要注意的是，包含这个“也”所击发的先设的话语是对乙的评述的反应，而在这个评述中存在着先行语，这有助于将先设和其先行语的信息联系起来。

(9) 表示类同的词语，击发的先设：除了乙之外，还有某人认为手动调焦照的照片清楚

乙：你看你看，

这张照得多好给你.

甲：嗨［这］...

乙：［还］是用手动调焦照出来的清楚，

调得你看... 调得特别细致.

甲：嗯... 挺好的，

是啊，

我也觉得手动调焦照得挺... 照照片清楚.

统计结果表明，表示类同的词语所击发的先设在语境中被约束的比率非常高，尽管这种约束关系的清晰程度有所不同。这和表示类同的词语的作用有关，即表示类同的词语确定的大多是并列的信息，而表示重复意义的词语也有这样的特征。下面我们举一个由叙实性动词所击发的先设的例子：

(10) 叙实性动词，击发的先设：某人在上减肥班

甲：你是不是又瘦了？

乙：真的？

不是吧？

甲：瘦了瘦了.

乙：是这件衣服显的吧？

甲：嗯... 这件衣服是挺显条儿的，

不过你的脸好像也也尖了，

尖了点儿，

你说是不是？

丙：她上减肥班呢，(A)

乙：[@@]

甲：[啊]

丙：昨天李春临，

她不是在那个咱体育馆游泳.

甲：嗯嗯.

丙：她说她发现你在上减肥班呢，(B)

就像照应表达形式可以指称一个不同于其先行语的语义类那样，先设也可以被一个抽象事物所约束。在这个例子中，丙首先引入了一个事件（A），即乙上减肥班这个事件。然后她引用李春临的话，用叙实性动词“发现”来描述这个事件。这样先设就具有了引述的事实这个语义特征，但是它还需要把一个事件作为先行语。我们可以看出这个例子所展示的就是类转化。这表明先设可以和表示抽象事物的照应语一样，把不同的语义类作为先行语。

4.3 先行语与先设的约束消解

为先设寻找先行语比代词照应语寻找先行语更为困难，这是因为先设通常具有比较丰富的描写内容或者说语义内容。寻找一个先行语要求比较两个不同的语言表达形式，而且这两个语言表达形式通常是由不同的说话者发出的，然后判断它们提供的信息是否是指称语境中的同一个事物。照应语的语义类型能够影响它和先行语之间的关系，同时语篇结构也会受到影响。当出现一个以上的合适的先行语时，依据所确定的先行语得出的不同解读就会对整个语篇的解读造成影响。

指称具体事物的先设和指称抽象事物的先设在先行语的确定上是不同的。如果一个有定描写的先行语被错误地确定，或者根本无法确定，我们就必须纳入一个新的话语所指，这样就改变了话语表达结构而使它具有了不同的真值条件。另外，如果我们无法为一个击发语所击发的指称抽象事物的先设确定一个先行语的话，这个抽象事物就会被纳入。对许多抽象事物来说，它们的语言表达式指称的不一定是真实的事物。

在很多情况中我们很难看出约束和纳入对语篇表达式的解读在真值条件上所存在的差异。这个现象在抽象事物中很普遍，因为它们不像具体的语义个体那样有各自的特征以便于和别的个体区别开，它们更像是我们概念结构中的一种规约形式（Asher，1993：258）。因此，它们更依赖于被引进语篇的方式和在语篇中被描述的方式，以及语篇的结构。例如：

（11）如果吴平有个别墅的话，那么他的别墅就在海边。

如果说话者没能把表领属的词语所击发的先设“吴平有个别墅”和条件句的先行分句中的信息约束起来的话，那么它就会被整体纳入到主语境中，这样就违反了信息性限制条件。这是因为条件句的先行分句已经蕴涵在解读的语境中了。整体纳入后的语篇就成了“吴平有个别墅。如果吴平有个别墅的话，那么他的别墅就在海边”。这样消解的语篇显然是不符合人们的语感的，因为该句被整体纳入后结果分句中的断言信息失去了传递信息的能力。这清楚地表明消解约束的先设和消解纳入的先设会导致不同的解读。在纳入的信息和先设的信息被处理在不同的内嵌层次上的情况下，如例（11），我们可以清楚地区分纳入解读和约束解读。这也表明确定抽象先设的先行语能够影响语篇的理解，当先行语存在于一个内嵌语境中更是如此。

在口语语篇中情况则有所不同。对有些例子来说，由于先设的语言表达形式和可能的先行语的语言表达形式通常差别较大，所以有的时候我们不清楚对某个约束关系的确定是否合理，因此在确认约束关系时我们还要考虑说话者的表现以及话语参与者的反应。我们发现，有些例子在主话语表达结构中先设的语言表达形式和先行语的语言表达形式有很大差别，这意味着我们无法搞清楚应该是进行约束消解还是进行纳入消解，这是因为二者之间的语义差别不好区分。在口语语篇中通常是先设要么在主话语表达结构中被纳入，要么在主话语表达结构中被约束。另外，不管采用何种消解策略，先设信息和语篇的其他信息之间在很多情况下差别不大，这样就使消解的确定变得困难。对抽象事物来说，我们很难找到先行语和被击发的先设在语言形式上完全相同的例子。在很多情况下，我们很难判断约束消解和纳入消解是如何影响话语的真值条件的（Spenader，2002）。为了圆满地消解先设，我们还要找出其他线索来表明先设需要被约束，同时话语参与者也认知并确定这个约束。

还有一个现象需要我们来作出解释，即在口语语篇中说话者通常放弃使用代词照应表达形式，而去选择先设表达形式。然而，根据格莱斯的量准则，说话者不需要说超过所必须的话，也就是说在表达相同意义的情况下，说话者应该会选择形式较短的语言表达形式。那么，我们需要解释为什么在可以使用照应表达式的情况下，说话者却要去选择使用形式较长的先设表达形式。

约束理论以及分段话语表达理论和双向最佳性理论指出，先设表达形式具有丰富的描写内容，同时指出了先设和语篇中某些信息之间存在着一定的修辞关系，这些对先设语篇功能的预测性观点给我们以启示。我们认为，说话者优先选择先设表达形式的主要原因是出于先设所具有的独特的语篇功能。说话者正是利用先设的这些独特的、并且是代词照应表达形式所不具备的语篇功能来更好地传达信息，从而完成交际目的的。这也要求我们去分析是先设本质中的哪些方面造成了它所展示的这些语篇功能。

4.4 先设和代词照应语的对比

为了证明先设和代词照应表达式在本质上的相同性，我们需要检查二者在语篇中是否具有相似的表现。我们将重点比较先设表达形式和代词照应表达形式在指称抽象事物时的表现。

（12）指称抽象事物的代词照应语：

甲：［没有］压力.

所以你大学的时候...

高中的时候，

你想...

渴望这种自由多的.

那么，

没有压力的这种生活，

那么，

现在真正到了这种生活呢.

你确实感觉...

感受到好像是没有压力.

乙：[嗯].

甲：[实] 际上.

说实在的.

现在是... 应该是有压力的.

而且压力非常之大，

这个你没有意识到.

乙：嗯，这我的确没有感受到.

在这个例子中，指称抽象事物的代词照应语所指称的是前面话语所提供的信息的一部分。任何表示同意或评价的词语都表示话语参与者对信息的理解，也就是说它已经成为共有信息的一部分。上面这个例子中乙的最后一句话中的“嗯”是对甲的上一句话的反应，并不是对甲在前面所发出的所有话语的反应。甲的最后一句话中的“这个”指称的是前面语篇片段中的语言表达形式所表达的抽象事物。乙最后一句话中的“这”和上面甲的“这个”指称的是同样的事物，这样就形成了一个抽象指称链。我们看下面这个例子。

(13) 指称抽象事物的代词照应语：

甲：那... 那天那个英语演讲，

你们去了吗?

乙：[嗯].

丙：[去] 听了.

甲：那个张帆，

说的 [不是] ...

丙：[没发] 挥好?

甲：不是很好我觉得

他不如平时，

他没发挥好.

丙：他紧张得很啊，

站在那儿... 抖着,

肯定发挥不好.

乙: 对,

一紧张就影响发挥了.

甲: 这挺让人着急的.

在这个例子中一共有三个说话者，在这里，不同的说话者把同一个话语，即甲所说的“他没发挥好”纳入到共同信息中。甲所说的最后一句话中的“这”这个抽象事物照应语所指称的就是前面这些说话者的话语综合起来所表达的事实，它的先行语就是这些话语所提供的语义信息。也就是说，前面的语篇信息综合起来为抽象事物照应语提供了一个先行语。我们接下来考察一下先设表达式在指称抽象事物时的表现。首先，我们看一个由状态变化动词所击发的先设被先前语境中的信息所约束的例子。

(14) 状态变化动词，击发的先设：某人过去一直在唱歌

乙: 前两年我家楼下那个老太太,

就那个那个在门口,

卖烟卖电话卡那个胖老 [太太].

甲: [嗯嗯].

乙: 她每天中午吃完饭就唱卡拉 OK,

震天动地的. (A)

甲: 那太讨厌了. (B)

乙: 这没一点儿公德是吧,

人都睡午觉呢. (C)

甲: 你们 [没有]

乙: [我们] 睡觉爱静.

甲: 那多吵啊, (D)

乙: 是啊

都把我们烦死了.

甲: 你们怎么不跟她那什么说说?

乙: 说了,

没用,

哎她可凶了，
接着照唱不误.
甲：哎呀.
乙：我说后来我说，
我们报警了啊.
甲：嗯.
乙：报警啊，
她这才停了不唱了.（E）

在这个例子中，所击发的先设“某人过去一直在唱歌”可以从前面的语境中得出。不过这个命题是一部分一部分地给出的。在话语（A）中，乙提到了他楼下的老太太中午唱卡拉 OK 的事件，这是话题的引入。乙在话语（C）开始所用的“这”的指称和甲的话语（B）中的“这”指称的是相同的事情。甲的话语（D）中的“那”可以被理解为像（B）和（C）那样指称老太太唱卡拉 OK 的事件，也可以被理解为指称卡拉 OK 的噪音。最后，话语（E）使用的是先设表达形式，和前面话语中的所有话语所指所表达的意思相对应，不过这个被击发的先设所指称的是老太太唱卡拉 OK 这个事件。这个例子表明，在话语表达的层次上每一个不同的话语所提供的信息将会被结合起来，并起到先行语的功能。在多个话语参与者的语境中，因为信息来自不同的说话者，为了取得清晰的表达效果，我们必须频繁地使用先设表达形式，而不是照应表达形式。击发语表达式的这个综合功能也是照应表达式的一个功能，但是先设的这个功能在内容更为丰富和复杂的语境中作用更为明显。因为先设具有描写内容，这样可以有助于确定那些表达同一个意义的信息，从而使说话者清楚地把先前语篇中零散的、甚至是多个说话者所提供的信息作为一个整体的意义表达出来。

对先设进行约束还有助于说话者完成交际目的。就先设的命题而言，因为它的组成部分已经被引入到语篇中，成为了听话者已知的信息，听话者便可以作出正确的判断。下面所展示的就是先设表达式帮助听话者进一步确定说话者所提供的信息：

（15）强调句式，击发的先设：用某物来糊顶棚
乙：去年我去采风的时候，

去那个山货店，

就看见店里边卖的一个就咱们老北京糊顶棚用的银花儿纸，（A）

在那儿还能看到.

甲：噢.

乙：就是白的地儿，

然后有一些银色的花儿的图案.

甲：噢. 用这花布糊顶棚.（B）

乙：不... 是用这银花儿纸糊的顶棚.（C）

在这个例子中，乙在（A）中已经提到了老北京用银花儿纸糊顶棚，不过他认为甲还没有了解到这个情况。于是他就用强调句式进行了重复说明。强调句式的特征就是强调某一个成分而其他成分仅当做背景成分，所以说话者为了更正信息就会采用这种句式。上例中甲在（B）中对乙的关于银花儿纸的介绍产生了错误的理解，如果乙用的不是先设表达式，而是代词性的照应语，那么甲的误解就会进一步加深。我们再看另一个受约束的先设的例子：

（16）叙实性动词，击发的先设：这里（研究生宿舍）不限电

乙：我们在宿舍的时候都在被窝里待着.

丙：被子也是潮的，

也很凉... 死凉.

乙：我们都抱着暖水袋，

打水的时候偷偷就就... 灌上.

甲：不让灌是吧.

乙：不过基... 基本还都能灌上.

丙：我们那会儿用电褥子.

甲：[不限电] 呀.

丙：[我们住] 的是研究生宿舍呀，（A）

你要是住研究生宿舍就不限电，（B）

我住了两三天才发现，

哦这儿不限电啊.

甲：真爽.

乙：这家伙在那儿幸福了两年，

敞开儿地用电.

丙在给甲讲述他上大学时的住宿情况。丙知道他要传达的信息对甲来说是新信息，不过他不知道先设的信息对听话者来说是否是新信息，所以在丙发出话语（A）之后，他又加上了话语（B），这也表明了说话者不太确定听话者是否能够得出同样的结论，即研究生宿舍不限电。在有些情况下对话中信息状态比较复杂，话语参与者并不一定能清楚地了解所有的信息状态，那么使用先设表达形式就可以使说话者所要传达的信息更为清晰，达到理想的交际目的。

从上面这些例子我们可以看出，先设可以为自己的先行语提供描述信息并因此影响话语参与者对所指对象的感知。判断信息是否能够成为照应指称的一个最基本的标准就是该信息是否已经被所有的话语参与者所理解和处理（Eckert & Strube，2000）。抽象事物并不是很清楚的单独的个体，先设本身的描写内容可以在某种程度上使其指称的事物具体化。在上面这些例子中，先设被击发以后，我们可以在先前语篇中找出相同的信息当做先行语使用。但是这个信息并不总是清楚的、已知的事物。这意味着先设击发语具有话语所指的创造能力，并且先设击发语可以使话语所指更为具体化。先设的语篇功能使其具有了更多的语篇意义，这是代词照应指称所不具备的，因为抽象事物的代词照应语本身不具有描写内容，它们的解读依赖于先行语的信息。

目前已经有一些学者对抽象事物照应语的这些特征进行了研究。福劳鲁德（Fraurud，1992）在研究瑞典语书面散文语料中观察到这个现象，即无法用有定名词短语来替代某些表示抽象事物的代词。她认为之所以使用这些代词是为了避免精确定义话语所指，而抽象事物很难用一个清楚的名词形式来指称。在某些情况下，人们确实想避免确定清楚的话语所指，或者确定清楚的话语所指并不实际，那么最好的表达形式就是使用一个表示抽象事物的代词。与此相对的是，受约束的先设可以把已知信息综合或者集中到一个更为个体化、更有结构性的单位中去。由于受约束的先设具有附加的描述内容，这样在确定哪个信息可以当做先行语方面要更为精确些。受约束的先设和指称抽象事物的照应语各有分工，互不冲突：如果所要作出的指称并不重要的话，代词照应语可以看做是当前突出的已知信息；如果在有可能出现误解和歧义的情景中，为了确保沟通准确，我们会优先选择使用先设表达形式。

4.5 先行语和先设的关系

先行语和先设之间的信息相同或者相似是先设约束关系建立起来的前提条件。在绝大多数情况下，二者之间的联系清晰明了，约束关系的建立也比较容易。不过约束消解毕竟涉及两个信息和两个语言表达形式，话语参与者在将这两种信息和语言形式建立约束消解关系时会有意地使用一些语言手段，这些语言手段帮助说话者达到了自己的话语效果。

4.5.1 约束消解的修辞功能

前面我们提到先设表达形式借助自身的描写内容具有了一些语篇功能，这是我们借助约束理论关于先设具有描写内容的观点所作出的分析，这些语篇功能是照应表达形式所不具备的。先设的约束关系还有一个语篇功能是照应表达形式所没有的，那就是把先设用约束关系来处理增强了先设和先行语之间的对比或者平行的修辞效果，这是基于布鲁特纳和齐瓦特所提出的双向最佳性理论的观点。这些修辞效果是说话者话语信息的一部分，是说话者期望听话者察觉出的话语效果。我们先看下面这个例子，其中由叙实性动词击发的先设加强了先行语表达式和击发语表达式之间的平行修辞关系。

(17) 叙实性动词，击发的先设：那里有很多帮派

乙：那他们打这种工挺好的，
也不太累，
还能... 能学点技术.
甲：那不是谁都能打的，
都是有组织的...
有帮派，
那里一般一般...

好像还帮派挺多的还，（A）

好像是是...

安徽的和河南的比［较多］.

乙：［嗯对］，

谁都知道那儿有很多帮派.（B）

在这个例子中，甲在（A）中提出某地的帮派很多，而乙用了一个非常相似的命题（B）作为回答。很明显，这两个命题是相关的，尽管所作出的语义贡献并不完全相同。感知出这个关系是理解说话者话语功能的关键。这两个说话者的话语可以看做是构成了一个语篇片段。甲首先提出了这个命题，然后乙通过“嗯对”表示同意这个命题，接着通过先设提出一个命题，以进一步对甲的命题进行承认。甲的断言比较弱，这可以理解为不愿意表达一个他不很确定的事情。所以乙作出的先设的语篇功能就是让甲知道乙同意他的命题。如果用表示抽象事物的照应表达形式，或者用省略这种零照应形式来取代叙实性动词“知道”后面的部分，即：“这个谁都知道”或“谁都知道”，我们还是可以把乙的话语理解为同意甲的命题，但是二者的平行相关关系就减弱了，乙陈述的力量也就有所削弱。

我们再看一个叙实性先设表达式加强平行关系的例子：

（18）叙实性动词，击发的先设：你可以成为一个好的翻译

甲：要掌握口译技巧啊，

汉语英语语法都要掌握.

乙：嗯.

甲：你可能啊会是一个好的翻译，

但是得下了... 下了苦工夫，

练啊... 练习啊，

你才能知道你可以成为一个好翻译.

在这个例子中，先设和它的先行语表面上并不完全相同，不过在情态算子“可能”辖域中的信息可以作为被击发的先设“你可以成为一个好的翻译”的先行语，而先设也是在一个情态算子，即“能”的辖域中。在第二个情态语境中所击发的先设需要和第一个情态语境中的信息进行约束。在代词照应语和先设表达式中都能发现这个现象。格乌茨

（Geurts，1999）把这个现象称为“情态从属”。他的分析是把模态算子处理为先设它们的论域。这样就可以使第二个模态算子约束到第一个模态算子的论域中，这在实际效果上是扩展了它的论域。这样的话在第一个模态算子论域中的信息对第二个模态算子就是可及的，照应表达式就可以和第一个模态算子语境中的先行语约束起来。在这里，说话者期望我们感知到和先设表达式的约束关系，这是为了加强我们对平行关系的感觉，而这个平行关系是通过说话者重复不同的动词如“可能、得、可以、会”等取得的。

我们再看一个例子：

（19）叙实性动词，击发的先设：有胡编乱造的辫子戏

甲：哦，
也有道理.
我看过一个调查，
乙：嗯.
甲：说小孩儿啊，
都认为清朝是一个非常好的朝代，
因为皇帝那什么挺英武的，
而且大家都挺快乐的，
因为好多辫子戏都是戏说么.
乙：特无聊，
这什么戏说乾隆戏说啥的.
甲：嗯，
我就不喜欢看这些胡编乱造的辫子戏...

在这个例子中所击发的先设也可以使用一个表示抽象事物的代词（即“这些我就不喜欢看”）或者一个省略的零照应形式（即“我就不喜欢看”），但是这样的话就失去了修辞效果，另外，先设提供的有助于理解说话者的附加描述信息，即“这些所谓戏说的辫子戏是胡编乱造的”就会失去。

下面，我们看一下强调句式的例子中所体现的修辞关系：

（20）强调句式，击发的先设：（在说话人看来，）喝凉水长肉的可能性最小

甲：我劝你还是别瞎吃药了，
是药三分毒，
对肾啊对胃啊... 是吧，
太... 那什么伤 [身体].
乙：[我当] 然...
甲：我告你甭想别的什么招，
最有效的办法就是少吃多动.
乙：哎. 其实我吃得不多，
没你们吃得多，
可吃点儿东西就往身上长肉，(A)
这有啥办法.
甲：那...
乙：没办法呀，
真是连喝凉水都长肉. (B)

在这个例子中，先设是由“连”字句所击发的。“连”所标示的是对比焦点，因此“连”字句可以起到对比的修辞效果。在这个例子中，话语（A）和（B）之间是对比的关系。“连”字后的成分是对比性话题，是对比项中最极端的一个。也就是说，在具体的语境中，说话人认为“连”字后的话题的可能性最小，并且说话人认定并认可这一看法，因此突出了交际的功能（崔希亮，1993）。同时，这个例句还带有明显的夸张意味，这是通过强调话题的极端性而取得的修辞效果。这些修辞效果和交际功能是代词照应表达形式无法完成的。我们再看一个由强调句式所击发的先设：

（21）强调句式，击发的先设：某人说过想要用馆际（借阅服务）
甲：美国的馆际借阅太方便了.
乙：给你借到啦?
甲：借了一本.
乙：好啊，
我跟你说过用馆际的嘛.
甲：哎哎，

你哪儿你告诉过我用馆际借阅了？（A）

是我说的我想要用馆际服务的．（B）

这个例子的先设信息处于动词“说”的辖域中，这就构成了一个话语引用的内嵌语境。这个引用的话语同时又是“想要”这个命题态度动词的表达形式。这就又构成了另一层的内嵌。从语感上来说，话语（A）应该是先行语，不过两者所共同拥有的信息是动词“告诉”后面的命题，也就是说话者甲用馆际借阅。甲在断言是他而不是乙促使他用馆际借阅服务的，这样就形成了有人告诉甲和甲说他自己想这么做之间的对比。当然这两个事件通常会导致同样的结果，也就是用馆际借阅服务，所以二者所提供的信息有相似之处。在这个例子中，话语（B）的功能是更正第一个话语（A），甲指出了他认为乙的错误之处。另外两个话语之间具有明显类似的表达形式，这表明二者是照应关系。如果没有能够看出这个关系的话就会忽略说话者说出先行语的意图。另外，忽略这个照应关系就会导致纳入操作，但是我们不清楚如果先设被纳入的话，那么真值条件和先设被约束时的真值条件会有什么差别。还有一点要注意的是，在（21）中，先设可以通过省略来简化为“是我说的我想要的”。这样会起到提供同样的语义信息的效果，不过如果不重复“用馆际服务”的话，说话者话语中的对比效果就没有了。所以通过使用完整的先设表达形式，说话者就可以强调对比的关系，这一点代词照应表达形式无法做到。

在这些例子中，我们可以用代词照应语来取代先设表达形式，这是因为先行语的信息和先设的信息非常相似。但是使用代词照应形式就不能取得像使用先设这样的修辞效果。

4.5.2 先行语和先设的远距离照应

在口语语篇中，出于话语参与者记忆能力的限制，一般情况下先行语和先设在信息上非常相似，在语篇中的距离也非常近。不过在少数情况中，先行语和击发表达式的距离很远。另外，先行语和先设的信息相似程度也可能不高。在这样的情况下，先设表达式很难被一个代词照应语所取代，主要原因是先行语和击发表达式的距离太远，同时也不容易找到清楚的修辞效果来帮助我们确定约束关系的存在。这时，为了理解语篇的连贯性，我们还是要优先选择使用约束操作。我们来看下面这个例子：

(22) 叙实性动词，击发的先设：某个压力没有了

甲：但是，

我觉得好像那时候，

学习比较有动力.

乙：嗯.

甲：有压力.

乙：嗯嗯.

甲：现在，

好像没有压力了.

所以学习好像就没有那么大的劲儿.

……

(340 行之后)

甲：我发现一下子高中的这个压力没有了.

乙：是不是对自己放松要求了.

在这个例子中，寻找先行语涉及确定表示类指的“压力”和一个定指的“压力”之间的关系，即“压力”和“高中的这个压力”之间的照应关系。这里先设的功能是把类指的压力具体化，强调了定指性。所以我们不能把先设用一个表示抽象事物的代词来取代，尤其是考虑到距离的问题。这里使用先设是为了取得语篇的连贯性。如果先行语中的类指表达形式和说话者的高中生活无关的话，那么这个语篇就会失去连贯性。像这样的情况，仅靠语言表达形式所提供的语义信息还不足以显示先设的约束的发生。如果话语参与者了解先设以及约束关系对语篇连贯性方面所起的作用，那么要取得连贯性解读就必须将先设和先前的信息进行约束。

另外，在解释先设和先行语之间的长距离约束关系时，话语参与者对先设表达形式的感知也可以看做是确定约束消解的重要线索。比如下面这个例子：

(23) 叙实性动词，击发的先设：某人坐错车白跑了远道

甲：这段儿脑子不好使了，

我这是老年痴呆症.
乙：@@你啥时候明白过呀.
甲：嗯... 早老型痴呆症.
昨天坐车白绕了个大弯儿，(A)
一家伙跑到三河了.
乙：怎么跑三河了?
甲：昨中午跟阿文喝了点酒.
[然后]
乙：[白的] 啤的?
甲：喝的扎啤.
乙：他那点儿酒量，
你俩才能喝多少.
甲：昨儿真没少喝，
大热天喝这玩儿挺舒服.
乙：他请客?
……
(45行之后)
甲：嗯. 就到大北窑，
到那儿快快... 两点了.
乙：嗯.
甲：930不是去燕郊吗?
北苑燕郊.
乙：对啊.
甲：上车我就迷糊过去了，
等到了我才明白坐错车了，
白跑了远道. (B)
乙：这弯儿绕得够远的. (C)

话语（B）“坐错车白跑了远道”和话语（A）“坐车白绕了个大弯儿”语义内容并不完全相同，二者的距离也很远。由于二者距离很远，我们无法用一个代词照应表达形式来替代先设表达形式。不过乙对先设的感知也可以用来支持两者之间的约束关系，也就是乙在最后一句话

（C）中几乎把先行语又重复了一遍。如果听话者没有感知到这个约束关系存在的话，他就会把这个先设信息进行纳入消解。在这里约束消解和纳入消解的信息在真值条件上没有什么差别。尽管约束消解和纳入消解在这样的情况下不容易区别，我们还是要首先尝试约束操作，因为说话者使用先设表达形式的目的是期望约束关系可以被听话者所感知。

我们也可以在照应语和它们的先行语之间的长距离关系中找到类似的约束关系。胡壮麟（2000：323）指出，如某个照应语与先行词仅相隔一个小句或一个陈述，便可使用代词，如间隔远了，应当使用词语重复。福克斯（Fox，1987）也曾讨论过这个问题。他认为当出现照应指称时，通常在先行语存在的先前语境中的词语可以被话语参与者重复。他把这种情况称为“重新取回”（return pop）。重新取回是把一个语篇话题和它的成分重新引入。在这些情况下的照应表达形式能够毫无歧义地被消解，这表明话语参与者能在话题被干扰后重新回到先前的语境。词语的重复可以帮助我们回到先前语篇的一个特定的点，这个重新取回的机制可以使代词的使用变得没有歧义。

我们也可以用重新取回的机制来解释先设和先行语之间的长距离约束关系。下面我们看一个受约束的先设重新取回的例子：

（24）叙实性动词，击发的先设：某人结婚赔钱了

乙：结婚能收些礼钱，
大体收支平衡.

甲：可能还赚点儿.

乙：我结婚可赔钱了，（A）
送钱［不好］.

甲：［送钱］省事儿，
但是没有送东西有意思.

……

（43 行之后）

乙：我们就是这样的，
我爱人结婚晚，
他的同学都结得比他早，
等到他结婚的时候，

都没联系了，

嘿．我发现我结婚赔大发了．（B）

这里话语（B）所击发的先设指称的是前面提到的（A），即说话者结婚赔钱了。在第一次提到结婚赔钱后是一段关于结婚送礼收礼的交谈。后来回到结婚赔钱这个话题可以看做是回到前面引入这个话题的语境中。从表面上看，说话者发出先设表达形式是开始了一个新的话题，实际上她是重新引入一个前面还没有完成的话题。之所以把二者确定为约束关系是因为这两个语言表达式的措辞很相似，意思也完全相同。但是我们也可以把它看做是回到说话者希望继续的那个话题。两者之间语义的高度相似性可以使我们把它们确定为先行语和照应表达式之间的关系。

4.6 小结

通过约束理论来分析语篇中先设的消解，我们可以展示出先设的诸多语篇功能和语篇效果，使用语境满足理论的方法固然可以免去寻找和确定先行语的麻烦，但是先设所固有的语篇特征却无法被揭示出来。我们对语料的分析结果表明，先设表达形式和代词照应表达形式在语篇中的表现是相似的。然而和照应表达形式相比，先设的语篇表现更具有多样性。因为先设表达形式具有描写内容，有比较丰富的语义内容，这就使先设具有了更多的语篇功能，这一点照应表达式就无能为力。先设表达形式的使用还可以取得一些修辞效果，这也是照应表达形式无法做到的。这种先设照应关系并不是用来确定语篇的真值条件意义的，而是用来满足交际的目的，它表明了话语参与者对信息和话语连贯性的感知。这一点是通过观察比较在同一语境下说话者在可以使用代词照应表达形式的时候却选择使用了先设表达形式而得出的。在我们确定先设和先行语之间约束关系的过程中，我们还能够进一步理解语篇中话语之间的修辞关系。在语境中先设表达式还能起到语篇重新取回的功能，它可以在一个干扰话题后把先行语从一个先前已经放弃了的话题中取回。另外，对先设信息和先行语信息的感知对语篇的连贯性解读是必要的。即使先设和可能的先行语距离很远，并且先设不能被代词照应形式所取代，听话者实际上也可以感知到先设信息所具有的照应性，并且进行相应的约束消解。

先设表达形式和代词照应表达形式在本质上是等同的，先设在语境中的功能与照应语的功能相似。在语境中，照应语的功能取决于它们所指称的语义个体的类型，先设表达形式的语篇功能在很大程度上取决于击发语的语义类型。指称具体的语义个体的照应表达形式具有确认功能，可以确认一个已经给出的个体，也可以确认一个集合中的某个个体。指称具体语义个体的先设的情况也是这样。指称具体个体的先设表达形式不仅有着确认的功能，而且可以把更多的信息综合起来。另外，这些先设表达形式不仅仅提供一个话语所指，同时还可以把与它们相关的描写信息与语篇中相关的语义个体联系起来。通常具体的个体和它们的先行语是等同关系。对它们的正确消解有助于语篇结构的理解，不过这不是它们在语篇中的主要功能。指称抽象事物的先设表达形式能够表现出更多的语篇功能，这是因为它们要约束的先行语本身就是抽象事物。由于抽象事物缺乏个体性，先设表达形式所包含的描写内容可以比代词照应指称更能描述和限制这些抽象事物。这一方面也强于具体事物的照应指称对它们的先行语的限制；另一方面，由于附加的描写内容，我们可以通过先设表达形式来创造出修辞效果。

第五章 先设的纳入消解

按照先设的约束理论，如果在语篇中没有找到先设的先行语，也就是说先设的信息还不是语境的一部分的话，那么先设就可以被纳入。在约束理论和语境满足理论中，先设的纳入都是分析的第二步。在约束理论中我们首先尝试约束；在语境满足理论中我们检查语境，看先设是否已经被满足。只有在这些操作都失败时我们才使用纳入来消解先设。先设的纳入消解要求我们对语境进行修改，从而创造出一个先行语，这样就可以使语境包含先设信息并且对它进行消解。所有那些不能和语篇中已有信息进行约束的信息就会被纳入，并且在话语表达结构上被处理为新的信息。在纳入操作中，我们必须遵循话语表达结构的连贯性、一致性和信息性这三个限制条件，即经过纳入而更改过的语境必须是合格的话语表达结构，它必须能够得出一个解读，不能存在任何没有被约束的变元；另外，在某个内嵌层次上的先设的纳入不能造成表达结构的不一致，同时也不能使击发语所在句子的断言无法提供应有的信息。

目前语言学界对纳入的研究取得了相当的深度，不过仍然不够全面。目前已经有很多关于纳入的理论分析，但是关于这些理论实际语料的分析和评估却很少。我们在本章中将通过新的实际语料来对这些理论进行讨论。

5.1 纳入的语篇表现

在目前关于先设的理论中，纳入都是一个要讨论的关键问题。任何语言形式都有其出现的合适性条件或者用法限制，纳入理论的作用就在于对表面上违背这种限制的言语进行修复，是会话过程中的一个修复过程。纳入操作的目的是为了使包含先设的话语的使用满足合适性的要求。纳入理论是为了描写先设而提出的，它是一种语用过程，是为了弥补语义理论描写某些现象的不足而不得已采取的一种策略。因此，尽管不同理论对于可以进行纳入分析的程度分歧很大，但大都承认纳入的作用（Kadmon，2000：78）。

在约束理论中，从话语表达结构上看，纳入可以分为整体纳入、中间纳入和局部纳入，这是范·德·森德特在讨论先设在内嵌语境进行投射时对纳入所进行的层次区分，而语境满足理论也是在讨论先设投射时区分了整体纳入和局部纳入。按照约束理论，只有当先设在某种内嵌中被击发，并创造出至少两个语境的情况下，这三个层次的纳入才有可能使用。实际上还有一种我们称之为主表达结构中的纳入，也就是先设在不处于内嵌语境下的纳入。这时先设唯一可能纳入的层次是主话语表达结构，也就是说击发语所在的话语表达结构是语篇的主表达结构，这一点和整体纳入相同。二者的区别在于，在整体纳入中，先设至少在一个层次的内嵌中被击发。目前我们把中间纳入和局部纳入等同起来，因为在自然语篇中，中间纳入和局部纳入之间的界定通常比较模糊，并不像在书面语篇中那样明确。在每个层次上的纳入都要进行测试以确定消解是否导致了一个合格的话语表达结构，即没有未被约束的变元，并且从语篇上看符合一致性和信息性的语篇限制条件。表 2 显示的是语料中每种类型击发语的数量以及纳入的情况：

表 2　击发语的纳入统计

击发语类型	总数	纳入	主表达结构中纳入	整体纳入	局部纳入	约束
叙实性动词	285	194(68%)	160(56.1%)	18(6.3%)	16(5.6%)	91(32%)
状态变化动词	68	41(60.3%)	21(30.8%)	15(22%)	5(7.4%)	27(39.7%)
表示类同的词语	151	20(13.3%)	16(10.6%)	4(2.7%)	0	131(86.7%)
表示重复的词语	175	25(14.3%)	14(8%)	8(4.6%)	3(1.7%)	150(85.7%)
强调句式	36	15(41.7%)	12(33.3%)	3(8.4%)	0	21(58.3%)

续表

击发语类型	总数	纳入	主表达结构中纳入	整体纳入	局部纳入	约束
有定描写(1)*	1432	581(40.6%)	475(33.2%)	106(7.4%)	0	550(38.4%)
有定描写(2)*	1432	534(37.3%)	445(31.1%)	89(6.2%)	0	523(36.5%)

*有定描写包括两个注解者的分析结果

从表2我们可以看出，击发语的类型不同，纳入的倾向程度也不同。状态变化动词和叙实性动词所击发的先设是最有可能造成纳入的击发语类型。另外，表示类同以及重复的词语所击发的先设纳入情况非常少。强调句式和有定描写的纳入情况则介乎二者之间。从纳入操作所发生的话语表达结构的层次上看，主话语表达结构纳入是所有类型先设的最为普遍的纳入消解方式。整体纳入和局部纳入数量少的原因是由于在自然语境的对话中，特别是熟人之间的对话，通常来说正式程度比较低，人们所使用的句法结构通常比较简单，这样造成话语中内嵌数量大大少于书面语体的语篇。

5.1.1　主话语表达结构中的纳入

主表达结构中的纳入是所有类型击发语中最为常用的先设消解方法。在主表达结构中的纳入，约束作为可能的解读被排除掉了，这是因为在语境中没有话语传达与先设表达形式相同或者相似的信息。我们先看一个由状态变化动词所击发的先设纳入的例子。在下面这个例子中，状态变化动词所击发的先设是发生在话语的指称时间之前所发生的动作。

(1) 状态变化词语，击发的先设：他（说话者的同学）还在打着光棍

甲：我有一个研究生同学，(A)

潇洒着呢，

三十多了还正在打光棍呢，(B)

[那过的] ...

乙：[他够想] 得开啊.

在例（1）中，在甲发出他的同学仍然未婚，即（B）这个话语之前并没有任何关于这个事实的信息。甲的话语（A），即“我有一个研

究生同学”，我们可以清楚地看出甲认为乙很可能不知道这个人的存在，也就是甲认为这个信息是听话者未知的信息。要注意的是，上面这两个先设既不能被看做是出乎预料的，也不能看做是可以预测的信息。

我们再看一个由叙实性动词击发的先设纳入的例子。

(2) 叙实性动词，击发的先设：那（海龙电子大厦）门口站着一群小伙子，冲上来拽我

甲：那应该没事儿，
一般也不会同时用完，
贵吗？
乙：应该不贵，
也是海龙买的，
甲：[嗯嗯].
乙：[我完] 了问问吧，
我估计也就... 就几十块钱吧，
你要是那什么...
电池和充电器一块儿买应该还便宜.
甲：我上次去海龙，
一下车就发现那门口站着一群小伙子，
冲上来拽我... (A)
乙：海龙那儿吧，
讨厌的就是门口老有人拉你，
特热情，
需要点什么呀？
你只要一搭话就就缠着你不放.

在例（2）中，说话者甲认同了说话者乙的话语，因此也就认同了他的先设。在例（2）的语篇中，在话语（A）发出前并没有提到过海龙（电子大厦）门口的那群强拉顾客的小伙子。

5.1.2　整体纳入

整体纳入的例子是那些在内嵌语境中被击发，但是却在主话语表达结构中被纳入的先设。这一组先设的纳入和主话语表达结构中的纳入的

区别是：它具有其他层次纳入的可能性。

下面展示的是整体纳入的一个例子：

(3) 状态变化动词，击发的先设：在此话语发出之前听话者还没有开始琢磨调到北医

乙：那些都是都是疑难杂症，
　　外地看不了的，
甲：[嗯嗯].
乙：[才上] 北京来，
　　有个亲戚朋友还好，
　　有的就... 就放弃了，
　　没钱.
甲：唉，
　　中国的医疗改革都都改成什么样子了，
　　到底你说到底谁在受益？
乙：嗨，
　　想这些都没用，
　　要是你想看病方便呀，
　　那就得开始琢磨调到北医去.
甲：@@@，
　　对对，
　　好主意呀.

在这个例子中，蕴涵算子“要是……那么……”引入了这个结构，模态算子“必须”引入了三个语境，因此这里有四个语境供纳入，即主语境、条件句的先行分句所构成的语境、条件句的结果分句所构成的语境，以及由模态算子“就得”所构成的语境。因为先设的信息是在“就得”所构成的语境中被击发的，所有这四个语境都可以供纳入使用，也就是说，在先设的主话语表达结构中有一个可能的整体纳入，还有一个可能的中间纳入，它会消解处于条件句的先行分句和结果分句中的信息，另外在由“就得”所构成的先设的话语表达结构中还有一个可能的局部纳入。我们的纳入操作是先从高层次的结构开始的。

我们在前面提到过，纳入的结果必须是一个合格的话语表达结构，

必须符合一致性和信息性的语篇限制条件。整体纳入的操作结束后的话语表达结构除了必须满足上述条件外，还不能留下任何没有被约束的变元。甲对乙的反应，即“对对，好主意呀”也表明她接受了这个先设，否则她会用完全不同的表达式作出反应。

5.1.3　中间纳入和局部纳入

在有些情况下，整体纳入的可能性被排除了，排除的原因或者是因为它违反了纳入操作的那三条限制条件，即连贯性条件、一致性条件和信息性条件。这时我们所能选择的就是中间纳入和局部纳入了。

为了使中间纳入的操作顺利进行，我们至少要有三个语境可供纳入。不过在很多复杂的语篇语境中（比如口语语篇），中间纳入和局部纳入之间的界定通常比较模糊，并不像在书面语篇中那样明确。这使得确定各种不同内嵌语境中的纳入变得相当困难。不过，我们在目前的研究中最为关注的问题是整体纳入与中间纳入或局部纳入的对比，因此我们在这里不对中间纳入和局部纳入进行区分。

下面这个例子中有一个逻辑算子造成了一个层级的内嵌语境，即否定内嵌。因此我们需要确定在这里应该使用整体纳入还是局部纳入：

(4) 叙实性动词，击发的先设：你挺新潮

丙：大了比小了好，
　　她的小衣服好多都... 都
　　那个没怎么穿就小了.
　　啊... 你的手机这么可爱呀.
乙：换新的了?
甲：没有,
　　就换了个壳儿.
乙：挺漂亮的呀,
　　不错啊 [这色儿].
丙：[贵不贵]
　　多少钱?
甲：才十块钱.
乙：我真没发现呀,
　　你挺新潮呀你,
　　还. 还彩铃呢.

这里所击发的先设是“你（甲）挺新潮”，内嵌在一个否定算子的辖域中。整体纳入会导致说话者先设你（指说话者甲）挺新潮，但是却否定知道这个事实。这个分析从人们的认识能力上是站不住脚的。说话者不能先设一个事实，然后又否定他知道这个事实。很明显，如果我们使用整体纳入的话就会违反一致性的限制条件。因此我们必须在这个否定的语境中进行局部纳入。这里经过局部纳入的话语表达结构就符合了一致性条件，也就是说纳入后的语篇是一个符合人们世界知识的语篇。

如果把这些例子中叙实性动词的主语进行修改，不再是说话者，如下面的例（5），就会使整体纳入成为优先考虑的选择。另外把例（4）内嵌到一个模态算子中，如例（6），也会使整体纳入成为优先考虑的选择。

（5）吴平没发现你挺新潮。

（6）我也许没发现你挺新潮。

（5）的优先解读是整体纳入先设。这是因为说话者和主语不再是同一个个体，这样就不会再有说话者先设的信息和叙实性动词的主语所提供的信息之间的冲突。

纳入操作还必须符合连贯性的限制条件。这个限制条件规定，经过纳入而更改过的语境必须是合格的话语表达结构，它必须能够得出一个解读，不能存在任何没有被约束的变元。这主要是防止下面这种情况的出现，即在一个内嵌语境中被击发的先设命题中已经包含了一个作为论元的话语所指，这样就使先设命题无法在高于话语所指的语境中被纳入，否则的话，论元就不被约束了，纳入后的语篇就成了不合格的语篇。我们看下面这个例子：

（7）叙实性动词，击发的先设：有条线路净是购物陷阱

甲：那那些旅游点的东西哪能瞎卖呀，
特别是贵重的那些东西，
不过吧人一出去，
一激动就爱买.

乙：那大家还会跟团旅游吗？

甲：也许要是...
要是你了解有条线路净是购物陷阱的话，（A）
你就不报这条线了.

乙：可哪条线儿都一样，

导游都靠回扣挣钱.

在这个例子中，话语（A）中的蕴涵算子“要是”表示的是一个假设的、非真实的条件句，“你”表示的是类指。先设至少内嵌在主语境中的一个语境中。自然语篇中的“也许”和“要是”分别相当于逻辑语言中的模态算子和蕴涵算子，并且构成了两个内嵌的语境。这两个算子所构成的内嵌语境可以表达为如下简化的话语表达结构：

（8）a.

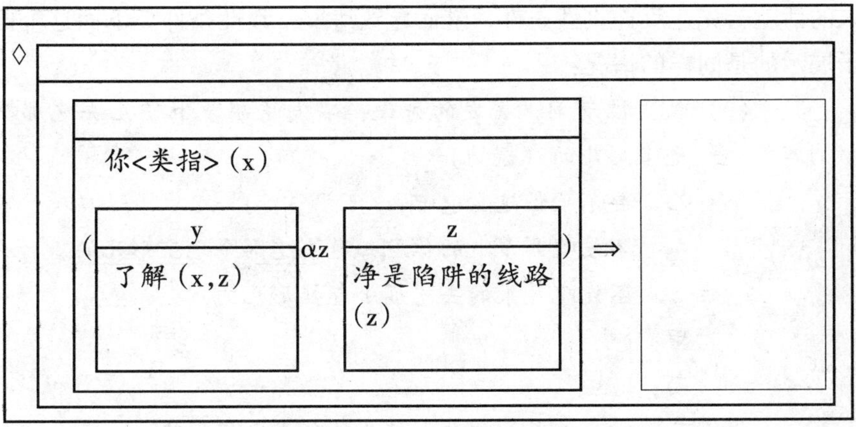

b.

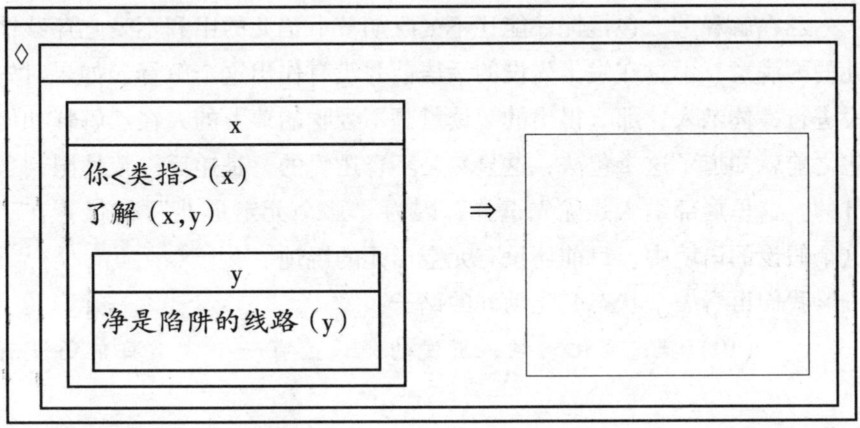

由于先设表达式本身引入了一个所指“这条线路”，这个所指正是在这个内嵌语境中被引入的，它对于模态语境之外的话语所指是不可及

的，也就是说，如果对其进行整体纳入的话就会使其无法得到约束。因此我们在这里只能采用局部纳入的操作。实际上我们发现，连贯性条件和一致性条件之间的关系是非常密切的。违反连贯性条件的结果总是能导致违反一致性的条件。比如从上面这个例子的话语表达结构我们可以发现，如果采用整体纳入的操作就会导致下面这个解读：存在着一条净是购物陷阱的线路。如果你知道有条净是购物陷阱的线路，你就不会报这个线路。问题是“有条净是购物陷阱的线路”是一个假设的情况，所以我们必须把它局部纳入到这个条件分句的语境中。如果使用整体纳入的话就会先违反连贯性条件，继而导致违反一致性条件。下面这个例子展示的是同样的情况：

(9) 叙实性动词，击发的先设：不爱吃胡萝卜馅儿去吃那个元宝形儿的（馄饨）

乙：要不咱们这么包吧，

不爱吃胡萝卜的你就知道去吃那个元宝形儿的，

不爱吃芹菜的去吃那小包袱形儿的.

甲：[啊]?

丙：[这] ...

乙：哎. 就是把胡萝卜馅儿的包成元宝形儿，

芹菜包成小包袱不就完了.

乙在解释怎么包馄饨才能让不爱吃胡萝卜馅儿的甲和不爱吃芹菜馅儿的丙满意，不过在发出先设的话语前并没有作出这个解释。如果对先设进行整体纳入，那么得出的解读就是不爱吃胡萝卜的人在乙解释如何包之前就知道了这个包法，这显然是不合逻辑的，是违反一致性限制条件的。这里局部纳入是优先选择，因为“那个元宝形儿”仅仅存在于这个假设的语境中，目前还没有元宝形儿的馄饨。

我们再看一个状态变化动词的例子：

(10) 状态变化动词，击发的先设：有一个方案目前还没有运作

甲：关键啊，

其实是...是，

对人家在...

人家的东西不了解吧，

要是你看你看...

我们有一个现在能开始运作的方案，(A)

就不会这么被动.

例（10）中，两个说话者（这里没有引用乙的话）在讨论出版社出书的计划。这里被击发的先设表达形式内嵌在一个由蕴涵算子所构成的内嵌语境中。话语（A）中的“有一个方案目前还没有运作”包含一个话语所指“一个方案”，它被引入到由条件句先行分句所构成的语境中。整体纳入会使这个语篇无法定义，这是因为“一个方案”的话语所指对高于这个分句的话语表达结构来说是不可及的，如果坚持采用整体纳入的话就会违反连贯性的限制条件，并且导致违反一致性的限制条件。

通过上面的例句，我们对语料中纳入的类型以及纳入所发生的话语表达结构的层次的情况有了大致的了解。接下来在所有纳入的理论研究中我们要重点讨论三个重要问题，即纳入的先设信息状况、纳入的准许条件和纳入的高层次优先性。

5.2　纳入的信息状态和语篇功能

首先，我们要讨论的问题就是为了解释纳入的信息状态、说话者所使用的纳入的功能，以及听话者如何去理解信息，我们必须要检查说话者发出的是什么信息，这些信息在语篇中具有什么样的目的和功能。

关于先设的理论普遍认为，先设信息应该是话语参与者共同拥有的信息，或者是语篇中的背景信息。如果纳入的是参与者共同拥有的信息，那么它们还尚未表达出来，或者是在当前语篇中还没有成为突出的信息。它可以使已知信息变得突出，使传达的信息更为连贯。先设信息通常是另外一个主要信息的背景信息，对于其他新的信息来说它起到背景支持的功能。然而说话者也可以认为被纳入的信息是听话者未知的信息。我们发现在口语语篇中，大多数由叙实性动词所击发的先设表现出一个明显的特征，即说话者都是有目的地传达新的信息给听话者。

通过观察纳入的先设所使用的语境，我们可以了解到先设信息是否是说话者想要引入的新信息。首先是方梅（1995）所讨论的对汉语中强调句式的分析。她指出，在汉语口语中表示强调或者说表示对比焦点总是伴有强制性对比的重音，可以看做是一种标记词，其作用在于标示其后成分的焦点身份，所以焦点标记后的成分总是语音上凸显的成分。德林（Delin，1995）对英语的强调句式进行了详细的分析。德林认为，在强调句式即 it 分裂句式中的重音成分表明至少部分的先设信息必须是听话者未知的信息，他把这作为主要的证据。我们还可以从另一个角度来分析纳入的信息状态，这是普林斯（Prince，1978）在研究强调句式所带的信息时提出的。他认为话语的长度能够影响信息性，一个非常长的话语通常传递新信息。我们主要考虑的是说话者如何建立起自己要传达的信息，信息如何被使用，这种信息和先设信息在语篇中所起到的作用，以及听话者的反应。如果先设信息是话语的前景信息，那么我们就把它解读为听话者未知的信息。

5.2.1 话语参与者与对纳入的使用和解读

通过分析我们可以看出，叙实性动词这种击发语倾向于击发必须被纳入的先设。我们在处理出现叙实性动词的句子时需要分析纳入的信息状态，以及话语参与者对纳入信息的使用和解读情况。

先设的理论研究都有这样的共识，即说话者所使用的先设总是传递听话者已知的信息，或者先设的信息是话语参与者共知的背景知识。下面这个例子中，甲所提供的关于宜家家具城的信息表明甲已经知道宜家正拆迁大甩卖，这样乙也不会认为自己所做的先设是新的信息。只是关于甲了解到宜家甩卖的断言信息在这里是新信息。

（11）叙实性动词，击发的先设：宜家正拆迁大甩卖

乙：你去逛宜家了吗？

甲：没呢.

乙：还不赶快去呀，

我昨儿去了，

哎呀人山［人海的］.

甲：［我知道］宜家正拆迁大甩卖呢，

我哪有时间去呀.

不过在我们所分析的自然语境的语篇中，不少情况下说话者使用先设表达形式是用于传达听话者未知的信息，这样做的结果是把先设变成了话语的焦点部分，或者说是前景部分。这个特点在叙实性动词所击发的先设的纳入中表现得最为突出。比如：

(12) 叙实性动词，击发的先设：工人们坐在那里边啃骨头上的肉，边把啃过的骨头扔到一个大炖锅里做汤料

乙：哎我告诉你啊，
我以前去过一个，
嗯... 方便面厂，
就地方的那种小厂，
销路还挺好，
说那... 那个味道不错.

甲：嗯.

乙：结果我发现啊，
工人们坐在那里边啃骨头上的肉，
边把啃过的骨头扔到一个大炖锅里做汤料.

甲：e... 太恶心啦，
真的假的？
你还让不让我吃方便面啦.

在这个例子中，乙在跟甲讲述他参观一个方便面厂的经历，而先设是叙述的中心内容，并且说话者认为是听话者未知的信息。我们从甲的反应中也可以看出该信息是听话者未知的信息。上面我们提到过长度也是信息性的一条线索。在这里，由叙实性动词和它的宾语所组成的先设非常长，这可以看做是一条证据，它表明所有的先设信息不可能都是已知信息，先设也不总是作为背景信息。我们再看一个由叙实性动词击发的先设被纳入的例子：

(13) 叙实性动词，击发的先设：那个司令员就是为了在总军区争名誉

甲：第一个昆仑殇，
写的就是他们拉练.

乙：嗯.

甲：出去，

在大雪山里边拉练，

唉特别惨，

死了那么多人，

太惨了，

那个司令员，

他就还是命部队，

往前走，

往前走，

往前走.

看到后来才知道，

那个司令员还是就为了名誉，

就为了争第一个名，

在... 总军区那儿，

争一个名，

结果死了很多人.

乙：一点都不值.

上面这个例子和例（12）的情况相类似。先设是在说话者叙述的语境中产生的，而先设的信息是叙述的焦点。另外，和例（12）一样，组成先设信息的话语的长度也很长。我们再看一个和前面的例子有些不同的例子：

（14）叙实性动词，击发的先设：这些照片证明你们是两口子

甲：你都准备啥东西了？

乙：嗯... 什么结婚证，

户口，

嗯... 嗯住房证明，

工资证明，

银行的嗯存款证明，

这表儿那表儿，

从网上下载的，

填起来可麻烦了.

甲：我听说还要准备照片?

乙：是啊,

不同时期的,

嗯... 跟家里人合影的,

这啊那啊的,

因为... 他们知道这些照片证明你们是两口子.

(B)

甲：@@是不还得挺亲密的?(A)

在上面这个例子中，说话者乙不断地提供信息给听话者，因为他认为先设的信息是听话者未知的信息。这样做的结果使先设的信息最终成为了凸显的焦点信息。同时由于和先设相关的信息多次在前面语篇的话语中引入，所以听话者甲立刻能从话语（B）中感知到最终被引入的先设信息，这一点可以从甲所发出的话语（A）中明显地看出来。

说话者使用叙实性动词来传达听话者未知的信息的现象比较突出，不过说话者也使用其他类型的击发语来传达这样的信息，比如在下面这个例子中，说话者使用表示重复意义的副词“又”来传达听话者未知的信息：

(15) 表示重复意义的词语，击发的先设：那八里桥以前坏过

甲：唉.

那次去我们家的时候.

路过八里桥.

你看见了吗?

乙：看见什么?

[八里] 桥在哪儿?

甲：[那天] ...

乙：我都不知道.

甲：就是在靠近通县县城的地方.

有个八里桥.

就是跟朝阳区的分界线.

乙：嗯.

甲：唉，
　　那八里桥可又坏了.（A）
　　从我知道那桥到现在，
　　它一直在修.（B）
乙：@那要不然卖掉吧.（C）

在这个例子中，说话者甲从听话者乙在前面话语中的反应得知乙不知道这个先设的信息，所以在发出表重复的“又”所击发的先设话语（A）后，就立刻发出了话语（B），而（B）和听话者需要纳入的先设信息基本相似，所以从听话者发出的（C）中我们能看出他对这个信息并没有表示惊讶。

另外，在有些情况下被纳入的强调句式所击发的先设也可以用来传递听话者未知的信息，这也是作为击发语的强调句式的一个比较突出的特点。我们的语料分析表明，尽管强调句式属于约束优先类的击发语，不过仍有大约42%的强调句式所击发的信息需要被纳入，这个比率还是相当高的。比如下面这个例子：

（16）强调句式，击发的先设：有人到机场接的我
乙：临去加拿大之前啊，
　　我一直发愁得不得了，
　　到那儿两眼一抹黑，
　　可怎么办呀.
甲：就是.
乙：可是没想到啊，
　　是几个学校的志愿者到机场接的我，（A）
　　还帮我跑这跑那帮我 settle down.
甲：是吗？
　　真不错哎.

在这个例子中，说话者认为他所要传递的先设信息是听话者未知的信息，在话语（A）中，这个先设信息是前景信息和叙述的焦点，并且说话者是有目的地使用强调句式来传达这个信息。我们从听话者的反应也可以看出他并不知道这个信息。

从先设的信息角度来看，有定描写有一个突出的特征，那就是有定

名词短语所击发的先设也可以经常用来传递听话者未知的信息，特别是那些有修饰语成分的有定名词短语。我们的语料分析表明，大约 40% 的有定描写所击发的先设需要被纳入。比如下面这个例子：

(17) 有定名词短语，击发的先设：有一个拎着黑包的人

甲：我推车要出北门，
　　就看见那个拎着黑包的家伙，
　　冲我一劲儿地招手.
乙：谁？
　　哪个拎黑包的？
甲：就那个卖光盘的.

这个例子中，有定名词短语所击发的先设是听话者未知的信息，从听话者的反应中我们可以察觉出这一点。另外，这个有定名词短语并不是结构简单的名词短语，它具有一个修饰语。

在有些例子中很难把先设看做是事实。在这些例子中先设更像是一种说话者希望听话者同意或者承认的意见。在有些情况中说话者的这种希望得到了实现，在有些情况中则不然。下面这个例子表示的就是这种情况：

(18) 叙实性动词，击发的先设：同学聚会有时没啥意思

乙：... 也不知道这毕业十年能不能聚起来.
甲：我看可能有点玄，
　　现在人... 大家都太忙了，
　　尤其是有孩子的，
　　小孩儿都太小，
乙：嗯.
甲：等到二十年的时候差不多，
　　那时候孩子也大了，
　　工作什么的也都稳定了，
　　不用那么拼命了.
乙：可能吧，
　　关键吧，
　　是有的人不见面也不太想，

因为那会儿，
上学打交道也不多.
甲：也是，
上次我们高中同学聚会，
我就. 就没去，
你明白同学聚会，
有时没啥意思，
有些人总共上学的时候也没说过几句话，
见了面顶多问问你现在干啥呢，
没啥可说的.
乙：也是哈.

我们再看下面这个例子：

(19) 叙实性词语，击发的先设：咱们照的照片存在差别被认为是新信息
甲：... 这是什么呀这张.
乙：怎么啦?
甲：你看，
你是要表现这个叶子是多么的大是吧，
可是都没照全，
没表现出来呀，
这张也是，
你看我照的这两张，
[是吧].
乙：[我没] 发现咱们照的照片有什么差别呀.
甲：你别不服气，
有比较才有鉴别.

在上面这个例子中，先设需要被局部纳入，因为叙实性动词的主语是说话者。先设很清楚是说话者的意见。人们的世界知识不允许我们先设一个信息然后又否认我们意识到了这个先设信息，这很明显是违反一致性的限制条件的。

5.2.2　先设与信息的传递

从上面的例子我们可以看出，先设与先设信息的传递之间的关系可以反映出先设的一些特征。首先，先设击发语的类型可以确定先设的信息传递方式。比如，强调句式和有定描写这两种击发语就其本质而言展示了先设的一个主要特征，即先设可以作为一种有意传递听话者未知的信息的方式。在叙实性动词的情况中，这个功能也很常见，在我们分析的例子中是先设的一个主要用法。然而这和我们对先设的传统观点相冲突。一般我们认为语篇中先设所传递的信息是说话者所共同拥有的信息，或者说是话语参与者认为的理所当然的信息。但是在上面的语篇中我们却发现，说话者选择了先设表达式作为传达新信息的途径，我们需要对此进行分析。

格乌茨（Geurts，1999）认为，通过先设来传达新信息可能是说话者考虑不够周到的结果。通常来说，先设是背景信息并且是个修补策略。如果听话者必须要纳入新的信息，那就意味着说话者在说话时没有经过成熟的思考。这样就会很容易把它看成是听话者需要修正的信息。但是这个解释并不能完全说明问题，因为实际上我们发现在很多情况下说话者明白他要传达的信息是听话者未知的信息，并且有目的地把先设作为传达这个信息的方法。

换一个角度我们可以认为，说话者通过先设来传达新信息的目的是更好地传达信息，完成交际目的。尽管说话者意识到信息是听话者未知的信息，但是发现通过先设来传达信息要更为有效。主要原因是由于先设表现为话语的焦点或者说是前景信息，这使得说话者认为他通过先设来传达的信息是作为焦点的新信息。通过先设来传达新信息是一种使信息变得毋庸置疑的方式。这个焦点信息或者说前景信息是说话者希望听话者当做是理所当然的信息，它是不同于背景信息的。

5.3　击发语与纳入

从语料的分析中我们可以看出，击发语在它们所击发的先设被纳入以及纳入被消解的容易程度上是不同的。是什么原因造成了这样的差异？这种差异和传达的听话者未知的信息是否相关？这是我们接下来主要讨论的话题。不同类型的击发语在约束和纳入的倾向性方面展示了不同的特点。

范·德·森德特（1992：342）认为，所有的击发语在照应关系上是相同的，但是它们在纳入能力方面会有不同。迄今各种针对纳入的理论研究发现，有三组击发语表达形式在纳入操作的容易程度上表现出了不同的特征。

第一组是以代词为代表的照应语形式。这一组击发语不能进行纳入操作。既然先设是一种照应语，那么为什么代词作为一种先设击发语却不能进行纳入操作？这是个看上去反常的现象。

第二组击发语的特点是这些击发语所击发的先设可以被纳入，但是容易程度比较低。这一组击发语包括表示类同关系的词语"也"，表示重复意义的"再、又"等，这是斯特内克（Stalnaker，1974）发现的。它们所击发的先设大多被约束了，也就是说它们具有约束优先性。

第三组击发语所击发的先设则比较容易进行纳入操作。这一组主要包括叙实性动词和那些由表领属的代词、形容词和介词词组所修饰的有定名词词组。在关于先设的理论研究中（如 Karttunen，1974：191）举过很多关于这一组击发语及其容易进行纳入的例子。说话者使用这些击发语可以把一个对语篇来说是新的信息加入到语境中，我们在上面所举的例（17）就属于这种情况。博西奥和维埃拉（Poesio & Vieira，1998）对有定名词词组的语料研究也证明这一组击发语所击发的先设倾向于被纳入。

在先设理论中关于纳入操作的解释有两个最具代表性的观点。一个是范·德·森德特（1992）的观点，他把纳入能力和先设所拥有的描写内容的量联系了起来。另一个是齐瓦特（Zeevat，1999）和布鲁特纳（Blutner，2000）的观点，他们认为是由于缺少一个无需纳入的表达形式才使得纳入被准许进行操作。

5.3.1 范·德·森德特对纳入操作的解释

范·德·森德特认为是先设的描写内容使纳入成为可能。他讨论了先设和代词照应语的区别。他认为“与代词不同的是，先设包含了描写信息。这使得先设在语篇没有提供一个先行语时可以通过纳入一个先行语来得到解读”（Van der Sandt，1992：344）。我们举一个例子来说明。

（20）a. b. c.

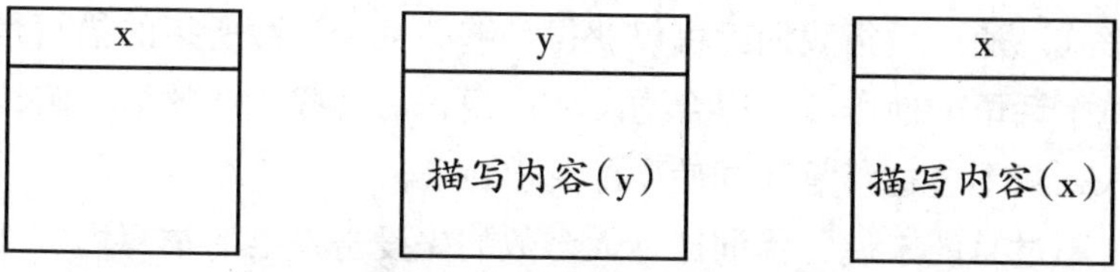

（20）a 表示的是一个话语表达结构中一个代词的指称形式。为了能够得到解读，它必须和语篇中已经存在的另一个话语所指建立照应关系。这个已经给出的话语所指已经有了和它相关的描写内容，表现形式为（20）b。而先设则已经有了（20）c 这样的形式。因为先设有自己的描写内容，那么如果语篇没有提供一个先行语的话，它就可以自己创造出一个先行语并和它约束。当然如果说代词完全没有描写内容就太绝对了。代词通常具有一些描写内容，不过内容的确非常少。比如代词“他”所提供的描写内容是它的所指是一个男性，代词“这些”所提供的描写内容是它所指称的对象是复数。那么“他”所提供的描写内容和有定名词词组“这个男人”所提供的描写内容是一样的。先设表达形式通常是通过其击发语来显示其所指的语义类，比如说叙实性动词和状态变化动词的先设的语义类在使用前就已确定，而从代词这种击发语上很难看出其语义类。比如经常用作击发语的代词像“这个”和“那个”在语义内容上就较为贫乏，我们不能从“这个”或“那个”中看出我们在处理的是一个抽象的事物还是一个具体的事物。但是从“他”或者“他们”我们可以确定其语义类，尽管它们都是代词。从“这个情形”和“这些男人”我们也可以确定其语义类，尽管它们所包含的描写信息比较少。另外，认为代词从不会纳入的观点也是比较绝对的，因为实际上我们还是可以找到代词进行纳入操作的情况，也就是说，如果语篇中没有给出一个先行词，那么代词仍能够合适地使用（Geurts，1999）。我们看下面这两个例子：

(21) 两天前计丽屏无意中跟他说想换辆新车，今天吴平就去车市了。

(22) 吴平一眼就看上了它，当场就掏钱把这辆奔驰买了下来。

这两个例子中的代词必须被纳入，这是“后指”（cataphora）的表现形式。通过后指我们就可以获得足够的关于后面所指的描写信息，这样整个话语的使用就变得合适。所以说，对某些代词的消解解读会涉及纳入，只不过这不是代词使用的突出特征。

不过总的来说，代词比绝大多数的先设击发语的描写内容要少，这也可以用来解释为什么代词不易于用来进行纳入（Geurts，1999）。

我们现在考虑一下那组难以进行纳入的击发语，比如表示类同意义和重复意义的词语。齐瓦特（1999）认为范·德·森德特（1992）的解释无法说明为什么表示类同意义和重复意义的词语难以进行纳入。我们在 2.2.1 中展示过，按照范·德·森德特和格乌茨（2001）的分析，带有表示类同意义 too 的话语，即 too Φ（a）被分析为先设和自己同一个类型的另一个谓词（比如说是主题或者是在话语表达结构中的 Φ），不过这个谓词中有一个不同的或者说是相对的成分（比如说焦点成分或者 x），这个成分与带有 too 的话语中的成分（比如说 a）不一定相同。too 的先设结构被分析为以下的话语表达结构：

(23)

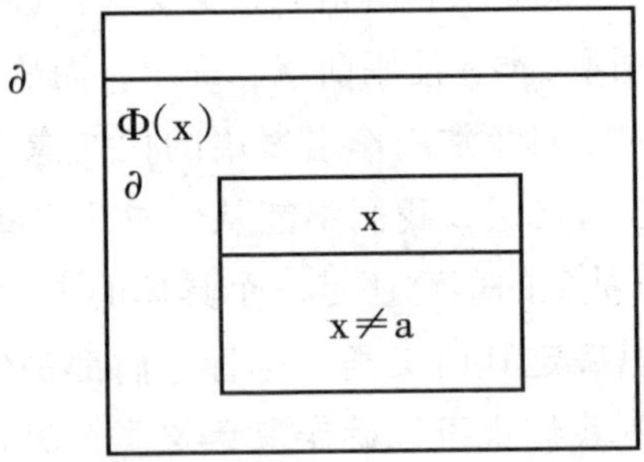

这里 Φ（x）是描写条件，[x：x ≠ a] 是代词成分。从话语表达结构上看，先设表达形式含有大量的描写信息。但是范·德·森德特并未解释为什么由 too 所击发的先设通常很难被纳入。不过范·德·森德特可以解释为什么容易进行纳入操作的击发语所击发的先设可以在没有先行语的条件下合适地使用。由叙实性动词所击发的先设是来自这些词语的宾语的词汇信息，而通常这种信息含有大量的描写内容。

描写内容也可以解释有些有定名词短语适合进行纳入操作，而有些有定名词短语则不行。有些有定名词短语中的名词前面有很多修饰成分，也就是说含有更多的描写内容，如例（17）。和修饰语丰富的有定名词短语相对的是那些结构简单、只含有一个冠词和名词的有定名词短语。由于后者的描写内容少，因此通常很难合适地进行纳入。这表明范·德·森德特的论述的确能够解释不同类型的名词短语在纳入和约束方面倾向性的不同。

我们发现在语篇中还有其他描写内容的程度相似的击发语，但是它们所击发的先设被纳入得并不多。那么上面的解释能否适用于这些击发语呢？比如强调句式的先设和叙实性先设的描写内容一样多。但是在语料分析中强调句式击发的先设只有大概 42% 可以被纳入，而约束是优先被考虑的。所以仅从描写内容的角度来解释这些差异是很难的。

综上所述，范·德·森德特关于纳入操作的容易程度和先设的描写内容之间的关系描述可以用来解释部分的现象。按照他的观点，由于代词的描写内容通常比较少，所以代词通常不可以进行纳入操作。另外，它还能够解释为什么叙实性动词和修饰语丰富的有定名词短语所击发的先设容易被纳入。但是，它并没有解释为什么表示类同意义和重复意义的词语所击发的先设很难被纳入。现在的问题是没有一个指导方针来规定在一个特定语境中描写内容应该达到什么程度才能准许纳入操作。这种难以确定描写内容到底是多少才能使纳入进行操作就是范·德·森德特的解释中的主要问题。

5.3.2　齐瓦特和布鲁特纳对纳入操作的解释

齐瓦特（Zeevat，1999）和布鲁特纳（Blutner，2000）对纳入操作的准许条件进行了分析。齐瓦特认为，语篇中存在着可以替代先设表达形式的一个非先设性表达形式，这个非先设性表达形式能够阻挡纳入操作。布鲁特纳（2000：212）的观点与齐瓦特相同，他认为，如果一个先设击发语在出现的时候，还可以选择使用另一个形式更为简单的非先设击发语的表达形式，那么这个击发语不会进行纳入操作。这个观点来自他的关于约束理论的双向最佳性理论中“避免纳入机制”（Avoid Accommodation）的研究。避免纳入的论点是用于解释范·德·森德特（1992）关于约束优先于纳入的观点的。布鲁特纳的这个对准许纳入操作的解释是从两个方向入手的，这和范·德·森德特从听话者角度来讨论先设是不同的。避免纳入的机制会排除掉纳入一个话语所指的选择，结果是约束的选择排挤掉需要纳入的选择。不过避免纳入的机制不仅限于此。按照这个机制，使用断言来引入信息的方式优先于使用先设来引入信息的方式。

我们现在举例来说明这个机制。下面三个句子改自 2.3.2 节中的例（54），它们是一个对话的开始的句子。假设一个说话者希望把一个新的男性个体引入到语篇中来。那么我们至少有三个可供选择的表达形式，“一个男孩”、“这个男孩”和“他”。每一个表达形式都可以把一个空的输入语境更新到具有相同真值条件的表达式中，也就是说它们都把一个男性个体引入到话语表达结构中。

（24）a. 今天早上一个男孩在幼儿园门口摔倒了。

b. ？今天早上这个男孩在幼儿园门口摔倒了。

c. ？今天早上他在幼儿园门口摔倒了。

我们可以发现（24）b 和 c 用作语篇的第一句话是不合适的。齐瓦特对此的解释是，这两个句子都涉及了纳入。这三个表达形式中只有第一个“一个男孩”不需要涉及纳入。那么避免纳入的机制会排除掉“这个男孩”和“他”，因为这两个表达形式都要求纳入一个话语所指，因此应该生成的表达形式是“一个男孩”。

范·德·森德特对此的解释是，由于代词和有定名词短语缺乏描写内容，所以这些形式很难被纳入。齐瓦特不同意这种解释。他认为如果代词是因为没有足够的描写内容而无法纳入的话，那么这就表明它们没有提供足够的信息，结果也就不能以连贯的形式为语篇引入一个新的话语所指。但是上面的“一个男孩”与“他”、“这个男孩”提供的是同样的描写内容。可见，光是描写内容的量还不能解释引入一个新的男性话语所指无法被合适地纳入的问题。因此阻碍纳入操作的不仅仅是缺乏足够的描写内容，肯定还有别的因素。齐瓦特认为对先设纳入的限制还应该和能够表达同样信息的其他表达形式有关，这种表达形式不需要通过纳入来调整输入语境。正是由于存在这些表达形式才使得纳入受到限制。解读者并不把信息的引入看做是必须遵守一定的规则形式，这是因为他们意识到说话者还有其他可供选择的表达形式，也就是从双向的角度来看先设的纳入问题。

总的来说，这个解释可以说明代词和那些形式简单的、没有什么修饰语的有定名词短语不能纳入的原因。不过这个论点要是应用在其他代词和无定名词短语时会有差异，因为所有的无定名词短语都没有代词表达形式来提供同样数量的描写信息。比如，“一本书”和“它”并不是可以互相替换的表达式，“学生们”和“他们”也不是。代词也不能和无定名词短语以同样的方式来更新一个语境。

齐瓦特（2000）讨论了“可替换的非纳入表达形式”（non-accommodating alternatives），也就是受约束的先设，以及“可替换的非击发表达形式”（non-triggering alternatives），也就是断言表达形式。约束要优先于纳入，断言要优先于先设。如果不存在一个可替换的非纳入的表达形式来表达同样的信息，那么击发语就会支持先设信息被纳入的这个操作。这样的话，缺乏可替换的非纳入表达形式的这个原因就会准许纳入的操作。

为了能够遵循一致性的原则来应用齐瓦特的解释，我们需要为每个击发语确定可替换的表达形式，但是在这一点上，齐瓦特的解释遇到了困难。这些可供替换的表达形式应该是在同样的输入语境的条件下能够更新出同样的输出语境，或者我们采用更为宽泛的角度，认为在不考虑输入语境的情况下，这些可供替换的表达形式可以导致相似的语境更新。对可替换的表达形式的定义不会影响例（24）（其中可供选择的替换表达形式有“一个男孩”、“这个男孩”和“他”）。每一个表达形式所导致的都是一个新的话语所指被加入到话语表达结构，所指称的是一个男性个体，同时也将导致同样的解读。但是，对可替换的表达形式的定义的确会影响其他击发语的预测。

我们现在讨论一下那些难以被纳入的击发语以及应用齐瓦特和布鲁特纳的观点对它们进行的解释。我们必须首先给不含这些击发语的可替换表达形式下定义。如果我们把表示类同意义的击发语作为代表的话，我们会发现含有这些击发语的话语并没有任何可供替换的表达形式。至少没有具有同样输入语境的可替换的表达形式。比如：

（25）吴平也买了辆汽车。

（26）小赵买了辆汽车，吴平也买了辆汽车。

如果是在一个空的语境中，（25）就需要被纳入。同样的话语，在没有击发语的情况下本来是能够作为可替换的表达形式的，然而如果我们把可替换的表达形式定义为更新同样的输入语境并且结果是同样的输出语境的话，就不适用于上面的例子。我们把（25）解读为没有“也”的时候就会丢失下面这个信息，即另外有某个人做了某件事，这件事和吴平所做的事相同或相似，或者可以比作吴平所做的事。

斯宾内德（2002）认为，断言可以看做是可供替换的引入先设信息的表达形式，就像（26）那样，这样击发语要提供的信息就已经是语境的一部分了。这种方法还是有问题，那就是如果我们在不含击发语的话语之前加入了先设信息，那么我们就改变了输入语境。这样也就不存在需要纳入的可替换的表达式了，因为在这个新的语境中，击发语的使用通过约束得到了消解，而约束是优先于纳入的，所以我们无法为表示类同意义的词语所击发的先设创造出一个可供替换的断言表达形式，除非我们要表达的信息首先被纳入。不过我们一旦这样做的话，就给击发的先设创造出了一个先行语，这样就改变了输入语境，接下来也就改变了相关的可替换的表达形式。所以说，如果我们给可替换的表达形式定义的时候要考虑输入语境的话，那么就不会有这些击发语纳入的可替换的表达形式了。这也就表明对表示类同意义的词语来说，纳入的使用是不受制约的。但是这与理论研究及我们的语料分析相矛盾。表示类同意义词语的例子和前面所提到的代词的例子非常不同，因为在代词的例子中既有断言的可替换表达形式，也有纳入的可替换表达形式，它们能够以相似的方式更新相同的输入语境。

如果我们把可替换表达形式的定义标准放宽，规定输入语境不必和使用表达形式时的语境完全相同，那么我们就能用这种观点来解释表示类同意义的词语的先设表现了。表示类同意义的词语难以进行纳入的原因是说话者优先使用了断言来引入它们，然后用先设和它们进行约束。因为我们通常能够得到这种可替换的表达形式，那么我们就不必使用纳入操作了。听话者通常会认为把表示类同意义的词语进行纳入操作是不正常的，因为说话者本可以使用一个无须纳入的表达形式。

齐瓦特和布鲁特纳的观点在处理可以容易进行纳入的击发语时也遇到了困难，这是因为确定具有相关性的可替换的表达形式是有难度的。我们在考虑叙实性动词的可替换表达形式的时候会有下面这些可能性：

（27）a. 李云龙骁勇善战，爱兵如子。

b. 士兵们都热爱李云龙，因为他们知道李云龙骁勇善战，爱兵如子。

c. 士兵们都热爱李云龙，因为他们知道这个。

d. 士兵们都热爱李云龙，因为他们知道这个事实。

e. 李云龙是全军出了名的骁勇善战，爱兵如子。士兵们都热爱李云龙，因为他们知道李云龙骁勇善战，爱兵如子。

话语系列（27）a、b 展示的是一个受约束的先设。在（27）b 中由叙实性动词“知道”所击发的先设可以和（27）a 所提供的信息进行约束。话语系列（27）a、c 展示的是抽象事物的照应表达形式和代词照应语的关系，（27）a、d 也是如此，只不过使用了一个名词短语的形式。（27）e 展示的是先设可以和第一个句子中的信息进行约束的情况。我们可以只通过纳入（27）b 中的先设来传达同样的信息。（27）c 和（27）d 中的照应指称和一个被纳入的叙实性动词很相似，可以被解读为一个事实，也可以被解读为说话者的信念。另外一个可替换的表达形式是一个更加直接的方法，也就是一个明白的陈述，比如“事实是……”。这和叙实性动词不同，因为没有和话语相联系的断言信息。

如果叙实性动词的宾语中表示抽象事物的照应语可以是先设的可替换表达形式，那么它的使用是没有限制的。纳入的可替换表达形式就会是一个受约束的先设。避免纳入机制会把这两个都看做是优先于被听话者纳入的表达形式。按照布鲁特纳和齐瓦特的观点，话语系列（27）a、c，（27）a、d 和（27）e 优先于（27）b，而（27）b 应该是不够合适的。然而实际上（27）b 却是完全合适的话语。

如果我们把可替换的表达形式的定义和输入语境相联系，那么受约束的叙实性先设和抽象事物的照应指称就不再是纳入的可替换的表达形式了。因此，叙实性先设并不存在可替换的表达形式。齐瓦特和布鲁特纳的观点正确地预测到叙实性动词应该很容易纳入。但是如果我们放宽对输入语境的要求，并且使受约束的先设和抽象事物照应语有可替换的表达形式，那么他们的观点就会错误地预测出叙实性动词难以进行纳入，我们就需要另外一个解释来说明为什么语料中有超过一半的叙实性动词所击发的先设必须被纳入。

齐瓦特和布鲁特纳的观点的主要问题是对可替换的表达形式的定义，尤其是定义中关于输入语境的角色问题。如果我们要求同样的输入语境，那么就能够正确地预测出叙实性动词可以容易地进行纳入操作，但是我们同时也会错误地预测出表示类同意义的词语也应该易于纳入。如果我们放宽对输入语境的要求，我们就可以正确地预测出表示类同意义的词语所击发的先设难以被纳入，但是同时又错误地预测出由叙实性动词所击发的先设不应该被纳入。总的来说，齐瓦特和布鲁特纳对纳入操作的解释有矛盾的地方，他们不能同时解释叙实性动词和表示类同意义的词语的先设表现。

我们在例（24）的分析中可以看出他们的观点可以解释为什么有定名词短语不容易进行纳入。如果不考虑输入语境对可替换表达形式的作用的话，这个解释会预测出同样的结果。如果输入语境影响可替换表达形式的话，那么有定名词短语将要么被约束，要么无定名词短语被优先考虑。如果我们采用宽松的定义，那么无定名词短语会被优先选择。因为避免纳入机制会限制有定名词短语的使用。可事实是修饰语丰富的有定名词短语总是可以容易地被纳入，而且无论我们如何根据输入语境来定义可替换的表达形式也无法对此作出解释。

齐瓦特认识到了这一点，为了解决修饰语丰富的有定名词短语的问题，他提出了一个关于名词短语形式的生成限制条件的观点。这些条件取决于名词短语在所使用的语境中的所指，他把这些限制条件称为“解析限制条件”（parse constraint）（Zeevat，2002）。解析限制条件规定，在输入语境中出现的特征必须在生成的形式中进行标记。他提出其中的一个解析限制条件为“解析独特条件”（parse unique）。在生成时，解析独特条件规定独特的名词短语要标出其独特性，即通过使用定冠词来标示。因此只有非独特的有定名词短语可以有无定名词短语作为可替换的断言表达形式。这就解释了为什么修饰语丰富的有定名词短语可以容易地被纳入，因为它们有附加的信息使它们不同于其他的有定名词短语，并使它们在语境中具有了独特性。无定名词短语也就不会成为优先选择的表达形式，因为它们无法满足解析的要求。齐瓦特认为，只有具有解析独特性的有定名词短语才可以纳入。

这个解释还是有问题。首先，大多数有定名词短语的话语所指在它们的语境中都是独特的。由于附加了这么一个限制条件，就造成了这样一个结果，即大多数的有定名词短语，甚至是结构简单的有定名词短语都应该可以进行纳入。但问题是，只有修饰语丰富的有定名词短语倾向于用来把新的信息引入到语篇中，并且因此得以纳入。按照这种解释，我们可以说名词短语结构越复杂，它肯定就越独特，这是因为它们具有更多的描述信息。这样就等于又回到了范·德·森德特的关于先设的描写内容和纳入的准许条件的观点上了。

面对避免纳入的限制条件所产生的问题，齐瓦特又提出了一个较弱的限制条件，即“必须的击发语不进行纳入”（Obligatory Triggers Do Not Accommodate）的条件。这个限制条件仅用于那些必须的击发语，它排除了很多避免纳入这个较强的机制中的反例。在某些语境中有些击发语是必须的，尤其是表示类同意义的击发语，另外还有一些有定名词短语和代词。比如：

(28) 计丽屏爱吃海鲜。吴平也爱吃海鲜。

(29) 计丽屏爱吃海鲜。吴平爱吃海鲜。

在上面两句中，(29) 就不如 (28) 句自然。在 (29) 中，我们的感觉是应该还有第三个人喜欢吃海鲜。“也”这个表示类同意义的击发语在这个语境中是必须的，它不进行纳入操作。

齐瓦特和布鲁特纳观点中的主要问题就是在语篇分析中的应用问题。那些根据他们的观点而正确解读的例子通常是限制条件和生成形式相互作用，使反例无法产生的结果。这可以从对叙实性动词、表示类同意义的词语以及修饰语丰富的有定名词短语的解释中看出来。但是由于什么可以被纳入、什么不可以被纳入成为了生成限制条件的结果，我们无法解释是什么性质准许纳入的操作。

总的来说，可替换的表达形式可以解释为什么代词不能纳入，并且能够解释在使用代词进行纳入时我们所感觉到的异常现象。它要么可以解释为什么表示类同意义的词语难以纳入，要么可以解释为什么叙实性动词易于纳入，但是它不能同时解释这两种现象。它可以解释为什么修饰语丰富的有定名词短语可以纳入，而结构简单的有定名词短语在不附加限制条件时就不可以纳入。它还提出了确定一个表达形式的可替换表达形式的方法。然而我们还不清楚输入语境对可替换的表达形式的确定所起到的作用。另外，我们也不清楚这些可替换的表达形式在真值条件上是否必须等同，或者具有心理等同性的可替换表达形式是否必要。我们也不清楚避免纳入的机制是否是正确的限制条件，或者我们是否需要某种较弱的限制条件。这些问题还需要我们进一步探讨。

5.3.3 关于纳入的准许条件

范·德·森德特、布鲁特纳和齐瓦特的观点各有其独到之处，不过他们的解释都还存在着一些问题。范·德·森德特讨论了每一个击发语所击发的先设的内在特征，并借此来回答可替换的表达形式的确定这个问题。布鲁特纳和齐瓦特规定了不合适的表达形式不被用来进行纳入操作，这样做的结果是当存在着另一个可替换的表达形式时，我们就优先使用它，这样可以避免生成一个涉及纳入的形式。所谓不合适的形式是从听话者的角度来说的，这是由于听话者意识到说话者有可以替换的生成表达形式。但是这个观点没有解释不同的可替换的表达形式是如何确定的。通过他们的讨论我们可以对纳入的性质有一定的认识，但是这些观点在语料解释方面都不太令人满意。

另外，这两种观点主要关注的是先设的语言表达形式和纳入消解的关系，但是对语境在话语参与者之间的交流所起到的作用没有进行说明。范·德·森德特（1992）只是讨论了击发语所击发的先设的内在特征，布鲁特纳和齐瓦特没有提到语境在可替换的表达形式的选择方面所起到的作用。他们的确讨论到了输入语境，但是没有讨论特定语境的效果和它们可能包含的信息。然而语境以及先设信息和语境的关系在纳入的操作上起着关键的作用。

我们认为，先设的语言表达形式和纳入消解操作之间存在着密切的联系。不过，我们同时认为，在语境中可以进行连贯性解读的能力是准许进行纳入操作的重要条件。另外，如果由于先设包含照应论元而和语境产生部分的联系的话，那么先设信息的解读就会更容易一些。先设具有的描写内容越多，这种联系就越有可能，这是因为联系的机会就越多。这个联系在准许纳入条件中起着重要的作用。

我们已经了解到表示类同意义的词语所击发的先设比较难以被纳入。我们发现确定由表示类同意义的词语所击发的先设比确定其他击发语所击发的先设要更为复杂，这是因为表示类同意义的词语击发的先设并没有出现在该词语所出现的话语中。这符合陆俭明、马真（1999：27）所提出的表示类同意义的词语“也”的虚指情况，即在有“也”的句子里，相类同的前项只是隐含而没有说出。“也”的虚指用法在语境贫乏且结构简单的句子中比较常见，不过在语境丰富的语篇中，“也”表绝对虚指的情况比较少见，通常来说，我们在前面的语篇中可以找到与“也”所击发的先设相似的信息作为先行语，从而导致约束消解。

从带有表示类同意义的词语的话语中确定先设，也就是确定有哪些成分进行了比较就有很多问题。这是因为和表示类同意义的词语相关的可以是很多成分中的一个：主语、谓语或者是谓语的一部分，或者是另外别的成分，这就使我们很难确定哪个信息是焦点，哪个信息是主题。吕叔湘（1981：522～523）认为，“也”在表示类同意义的时候有五种形式：

（30）a. 主语不同，谓语相同或同义。
　　风停了，雨也住了。
b. 主语相同，谓语不同。
　　老师讲课，也提问题。
c. 主语不同，谓语不同。
　　天亮了，风也停了。
d. 主语、动词相同，宾语不同。
　　他会车工，也会钳工。
e. 主语、动词相同，动词的附加成分不同。
　　他前天来了，昨天也来了。

（30）a、（30）b、（30）d 和（30）e 都选择了两个不同的成分进行对比，而（30）c 在焦点和主题上都有变化。当例句比较简单时，确定焦点成分并不困难。但是在大多数情况下，只有在先行语被找到后才能确定带有“也”的话语中的对比成分。先行语和带有表示类同意义的词语的句子之间存在着很强的相互依赖性，通常情况是我们在找到它的先行语以后才能确定表示类同意义的词语的先设。

表示类同意义的词语的问题是，在话语中和它相关的描写内容与它的先设相关的描写内容可能会很不相同。主题信息必须是可以比较的，焦点成分必须属于同一类型。但是除了这些要求以外，话语本身的描写信息在确定先设内容上帮助不大。光是描写内容本身并不能在所有情况下准许纳入的操作。这是因为先设表达形式无论描写内容的量是大还是小，先设都有可能在纳入时出现困难。有些理论研究所举的例子试图展示这样一个观点：即使先设表达形式的描写内容非常丰富，或者说其语义内容非常独特，纳入操作仍然很难进行（Beaver，2003：41）。实际上如果我们仔细观察的话就会发现，在这些例子中，纳入操作困难是因为这些句子中没有一个和先前语篇有联系，这些人工创造的例句根本就没有语境。先设可以在一个不存在语言形式的先行语的语篇中得到使用，其原因是语境准许先设创造出一个和先前的语篇的联系。语境以及先设信息和语境之间的联系使纳入操作顺利进行。具有更多描写内容的表达形式更容易纳入，因为它们更容易以某种形式和语境产生联系。但是正如上面的例子所示，条件是必须有一个语境。

如果带有表示类同意义的词语的话语所提供的描写内容在其所使用的语境中足够明确，从而排除了任何歧义的解读，那么由表示类同意义的词语所击发的先设应该也可以被纳入。下面这个预料中的例子展示的就是由“也”所击发的先设需要进行纳入：

（31）由“也”所击发的先设的整体纳入

甲：里边什么样呀？

人是不是特别多？

乙：特别多，

嗨别提了，

里面的队啊，

绕来绕去的.

甲：@@@

乙：我还... 原来以为条件挺好的呢，
进去一看，
就跟那什么火车站售票大厅一样，
签证官坐在一个小窗户里边.
甲：小... 小［窗户］.
乙：［而且］没几个椅子，
幸亏听别人告我找了个椅子，
不然得... 我得站好几个小时我得.
甲：怎么不多放点儿椅子呀.
乙：可能是因为人太多了，
我当时就想，
等到中国强大了，
老外排队签证的时候也让他们折腾折腾.
甲：让他们提前一天就得在外面排队.
乙：@@对.

在上面这个例子中，击发的先设是除了中国人，老外（外国人）排队签证时也得折腾一番。这个先设可以被纳入，其结果很清楚，即非外国人（这里指中国人）签证时要折腾一番。这个纳入是合适的，原因是在这个语境中，人们被分作两类，即中国人和外国人。因为在带“也”的话语中的焦点成分是外国人，那么先设中最有可能的焦点成分就是中国人，纳入就满足了合适性，同时听话者也可以很容易地了解到这个纳入信息。

击发语和语境的相互联系可以在所有击发语的纳入中起作用，同时也有助于纳入的信息的理解。我们可以在语料中发现很多被纳入的先设能够证明这一点。其中绝大多数的句子中包含有内嵌的照应先设表达形式。击发语类型不同所要求的联系的量也不同。击发语在它们所击发的先设的结构数量上也有很大不同，比如说有定名词短语的结构就比叙实性动词的少。名词短语复杂程度较低，包含的变元也较少，尤其是受约束的变元。修饰语丰富的有定名词短语有丰富的描写信息，这也就意味着它们包含了较多的附加论元。受击发的先设的结构越多就越有可能和语篇语境产生联系。

总而言之，范·德·森德特以及布鲁特纳和齐瓦特在讨论准许纳入的条件时过于关注先设的语言表达形式，但是都没有考虑到语境的因素，这就意味着他们无法解释某些现象。可以进行纳入的能力在一定程度上和击发语表达式的内在特征相关，这就像范·德·森德特所解释的那样；或者和击发语的可替换表达形式的特征相关，就像布鲁特纳和齐瓦特所解释的那样。不过先设信息和语境的联系程度，以及根据世界知识或者其他语用因素而排除掉的解读都对纳入是否能够成功进行起着一定的作用。

总之，纳入被准许的条件是纳入后的语篇必须是个能够理解的语篇，并且符合连贯性、一致性和信息性的限制条件，其决定因素是语篇的语境条件，并不是击发语的类型。出于这个原因，纳入操作是否可以容易或者合适地进行并不是击发语的一个绝对特征，它是击发语使用的一种倾向性，这种倾向性是可以被语境信息和世界知识给否决的。这就意味着很难对影响准许纳入操作的实际因素作出一个精确的预测。

5.4　纳入的优先性问题

海姆和范·德·森德特都提出，高层次的纳入优先于低层次的纳入。那么按照这种观点，纳入的结果就应该是整体纳入比中间纳入和局部纳入的频率要高。首先我们展示一下先设理论中关于高层次纳入要优于低层次纳入的几种解释，然后结合语料对这些解释进行讨论。

格乌茨（Geurts，2001）对关于纳入层次的优先性的两种观点进行了详细的对比。第一种观点认为，背景信息有上升到主语境的倾向。因为先设是一种背景信息，所以先设也有上升到主语境的倾向性。这个观点是格乌茨（1999，2001）提出的，他称作“浮动原则”（Buoyancy Principle）。按照浮动原则，我们会得出这样一个结果，那就是先设信息被纳入的层次越高，后面的照应语就越容易找到它。比如，如果先设信息在某种内嵌语境中而不是在主话语表达结构中被纳入的话，那么对这个内嵌语境以外的照应语就不可及了，而按照话语表达理论，在主语境中的信息对所有的位置来说都是可及的。但是我们还无法对浮动原则产生的机制进行解释，也就是说，我们还不能说明为什么作为背景信息的先设必然有上升到主话语表达结构的倾向性。

第二种观点认为，这种优先性是和说话者希望作出尽可能最强的表达有关。投射到主语境的先设信息所导致的表达要比非整体纳入所导致的表达强，所以听话者会倾向于整体纳入。这个观点是那些支持用“双向最佳性理论”（Bidirectional Optimality Theory）来处理先设的研究者们所提出的（Blutner，2000；Zeevat，2002），并通过布鲁特纳所提出的一个限制条件“表达形式要强”（Be Strong）来表示。语义强度通常以下面的方式来定义：一个话语有两种可能的表达形式：表达形式 A 和 B。如果 A 蕴涵 B，但是 B 并不蕴涵 A，那么 A 就更强一些，这是因为它会比 B 给语境增加更多的信息。据此，格乌茨（2001）提出了“信息原则”（Informativeness Principle）。

我们举一个简单的例子来展示信息原则是如何起作用的：

（32）a. 如果法国国王是秃子的话，那么他就会很自卑。

b.

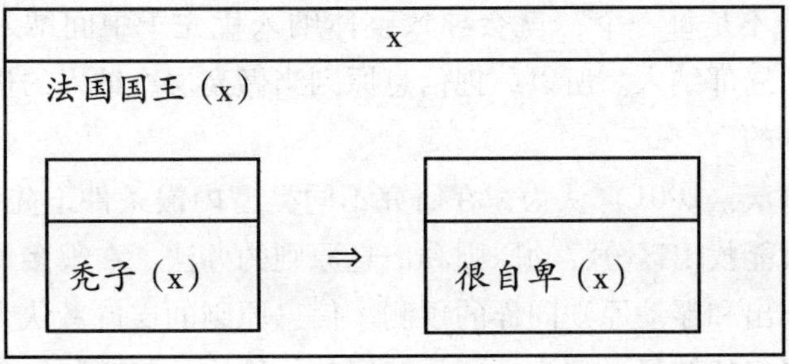

c.

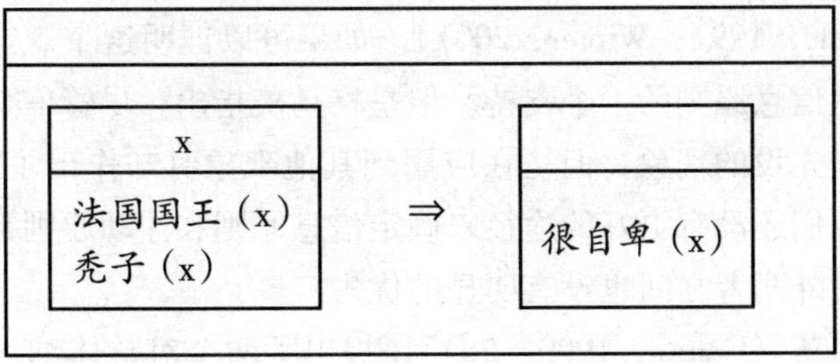

（32）b 是 a 的整体纳入，（32）c 是局部纳入。整体纳入 b 的话语

表达结构的解读蕴涵局部纳入 c 的话语表达结构的解读，反之则不然。对于这个例子来说，“存在着一个法国国王，并且如果他是秃子的话那么他就很自卑”对所有的模型（或者说世界）都为真，并且“如果存在着一个法国国王，他是秃子，那么这个个体很自卑”对所有的模型（或者说世界）也都为真。我们认为听话者应该优先选择最强的表达形式，因为他会认为说话者在遵循格莱斯的“量准则”（Maxim of Quantity），也就是把他所知道的尽量说出来。如果说话者的本意是较弱的表达形式，他就不会使用较强的表达形式。

用信息原则来解释整体纳入的优先性存在着两个问题。第一，在有些情况下，整体纳入和局部纳入并不存在谁比谁强的现象。第二，整体纳入所导致的表达形式并不总是最强的表达形式。格乌茨（2001）和比沃（Beaver，2002）都指出，根据不同的内嵌类型，信息原则会作出不同的预测。比沃认为，根据信息原则，在条件句的结果分句中，先设的纳入会导致整体纳入优先于局部纳入，而局部纳入又优先于中间纳入。优先于局部纳入的优先性会根据内嵌的单调性特征而发生变化，比如量词“不是每一个”就会导致整体纳入优先于中间纳入，而中间纳入优先于局部纳入。所以，把信息原则当做高层次纳入的优先性的解释是有难度的。

格乌茨（2001）认为，在研究不同类型内嵌条件下先设的投射时，我们不可能找出区分浮动原则和信息原则的办法。在很多情况下，信息原则会作出和浮动原则同样的预测。信息原则的支持者认为，信息原则是一个更好的解释，因为它还是解读其他结构的普遍制约条件，其应用不仅限于先设。这些其他结构包括表达相互关系的结构和复数形式（Dalrymple，1991；Winter，2001）。如果可以证明这个观点的话，那么这会是对信息原则的一个支持。但是格乌茨指出，尽管信息原则可以解释某些非先设的现象，但是在应用到其他现象时却作出了错误的预测。总之，我们还没有更好的途径来确定信息原则和浮动原则是否能真正起作用，另外两者之间也没有明显的优劣。

格乌茨（Geurts，1999：58）还提出了两个对整体纳入优先性的可能的解释。第一个解释是说话者优先采用整体纳入是因为他们希望作出的解读要尽可能具有相关性。他举了一个例子：

（33）a. Fred didn't bring his wife.

b.

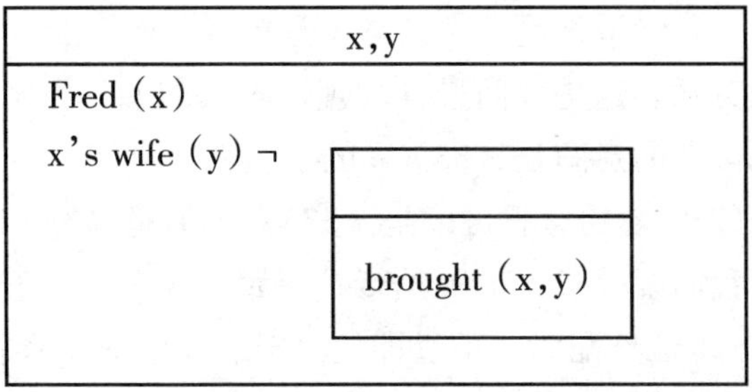

c.

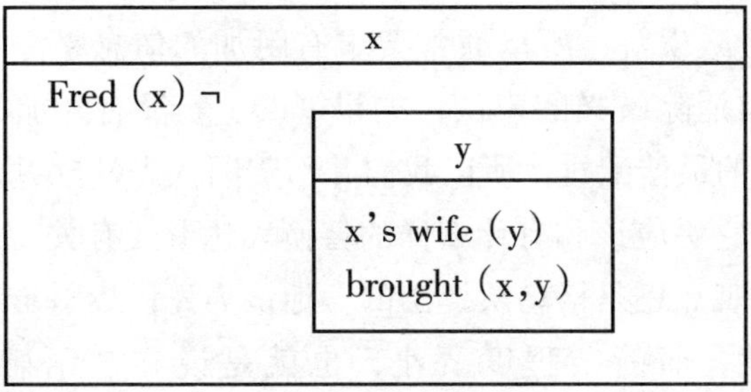

在这个例子中，（33）b 被认为是优先于（33）c 的。这个解释有一些问题。首先，我们面临的问题就是要说明如何确定什么是最为相关的解读，因为很明显这取决于语境以及所传递的信息。但是上面所举的例子是完全没有语境的，而且也没有可能的用于消除歧义的重音信息，这和绝大多数语义先设的例子是一样的。这句话被说出来的时候，如果重音放在适当的词语上，我们可以获得不同的解读，但是这些解读是没有歧义的，不过解读的适当性仍然取决于语境。其次的问题是解释为什么最为相关的解读总是投射出来的解读。如果我们考虑一下例（33）的一个可替换的表达形式的话，就可以对这个例子的优先性问题作出一个更好的解释。在一个空语境的条件下，如果说话者想生成（33）的意思，他就会在下面两个句子中优先选择出一个来：

（34）Fred didn't bring a wife.

（35）Fred isn't married so he came alone.

第一个句子隐含着的意思是我们还不清楚 Fred 是否已婚，如果我们知道他未婚，那么第二个句子就更为合适。这个例子如果用“girl-friend”来代替的话就会更加清楚一些，因为这种暂时性的关系会变动，我们不可能总是知道谁是单身，谁不是单身，而婚姻对绝大多数人来说是个固定的关系。这是双向最佳性理论对（33）b 优先于（33）c 的解释。如果说话者的意图是（33）c 的话，那么（33）a 并不是表达它的最佳方式。(33）a 的意思可以是（33）c，但是（33）b 是更为合适的选择，所以我们说（33）a 和（35）是最佳配对，（33）a 或者（33）b 和（33）c 是最佳配对。不过即使（33）a 中的重音在 wife 上并导致了（33）c 的解读，这个陈述后面仍然会加上像“Fred isn't married”或者是“That was his girlfriend”这样的句子，这是因为用（33）a 来表达（33）c 会导致误解，所以通常要求有附加的信息来澄清。所以即使在（33）a 中有消除歧义的声调，如果（33）c 没有附加的信息的话也不是（33）a 的最佳配对。所以我们并不赞同优先性问题的解决应该和相关性有关，它更应该和有什么样的替换表达形式有关。

第三个观点还是格乌茨提出的。他认为先设投射出来的表达形式更具有信息性，而复杂程度要小，也就是说在“语感”上要简单些（Geurts，1999：58）。在（33）中，（33）b 就要比（33）c 简单些。不过格乌茨对此并未作进一步讨论。我们认为，整体纳入的表达形式更为简单一些的原因是它不要求解读者去追踪并不存在的事物。如果我们就像（33）c 那样局部纳入 Fred's wife，就意味着我们必须追踪 Fred 的并不存在的妻子。追踪不存在的事物比追踪存在的事物复杂得多。

信息原则所提出的不同的内嵌类型具有不同的纳入倾向性这个观点受到了质疑，不过这些质疑所针对的是高层次纳入的优先性这个观点。如果高层次的纳入优先于低层次的纳入这个观点无法得到实际语料的支持的话，我们还是应该认为信息原则是能够用来解释不同层次纳入的倾向性现象的。信息原则和浮动原则能够部分地解释纳入倾向性的问题，但是在语料分析上出现了问题。

所有这些观点或多或少地对纳入的高层次优先性的观点提供了理论支持，但是对实际语料的解释能力还不够强，缺乏说服力。从我们对语料的分析可以看出，在内嵌情况下，不同类型的先设击发语在整体纳入和局部纳入上有不同的倾向性。比如叙实性动词所击发的先设，其整体纳入和局部纳入的比率相似，这表明我们对自然语境中的语篇分析无法支持在高层次话语表达结构中的纳入（即整体纳入）必然优先于低层次话语表达结构中的纳入（即中间纳入和局部纳入）。从语料分析中我们可以看出，不同类型的击发语在内嵌中出现的倾向性是不同的，这些倾向性和整个击发语表达形式的信息类型（包括断言信息和先设信息）相关。在内嵌辖域中先设投射的倾向性和先设的功能也具有相关性，而这个功能又和先设的语义类相关。

理论研究中所提出的整体纳入或者说高层次纳入的优先性观点的实质在于强调先设信息总是作为语篇的背景信息这个本质。确定整体纳入的优先性这个原则有助于了解人们在交流中需要什么类型的背景知识。但是要确定人们优先选择什么样的背景知识并不是一件容易的事情，至少我们目前还没有明确的原则来确定这种优先性。我们所观察到的事实是，在内嵌辖域中整体纳入和局部纳入的倾向性是随着击发语类型的不同而不同的，哪种层次的纳入具有优先性应该取决于内嵌的类型和击发语的类型，也就是说，取决于被击发的先设的语义性质，还有击发语表达式所出现的内嵌的类型。曾经有一些研究人员间接地提到过投射会根据内嵌的类型而有所不同。如格乌茨（2001）提到过根据内嵌的类型被击发的先设会具有不同的投射倾向性，他还使用不同类型的内嵌下的先设来测试浮动原则和信息原则，不过他的研究结果并没有证明二者有什么不同。

关于先设纳入的理论研究存在着一些问题。在先设的理论研究中，学者们出于研究的需要会有目的地选择带有某个特定击发语的句子，再把这个句子内嵌在某个特定的逻辑算子中，然后我们能得出一个先设被消解的解读，这个解读要求的恰好是整体纳入。另外，在先设的理论研究中，研究者所举的那些内嵌在各种逻辑算子中的先设的例子通常都是没有语境的。先设纳入的消解是一个依赖于语境的过程，用没有语境的例子来给先设纳入的层次优先性下结论显然是不合适的。

还有一项研究也表明脱离语境的例子通常会给优先性的解释提供误导信息。比如德林（Delin，1995）指出，在研究强调句式“it 分裂句式”的先设中，所举出的脱离语境的、并且没有标出重音的例子错误地导致了强调句式的先设和共同知识混为一谈。这是因为在脱离语境的 it

分裂句式的书面形式中，声调重音是在被分裂的成分上的，而不是分裂的补语部分。这种默认的声调方式会导致人们认为先设信息就是共同知识。但是自然发出的强调句式的声调形式不是这样的，这会导致不同的先设解读。理论研究中所举的例子大多没有语境，而在没有语境的例子中，声调形式表明先设是共有信息，而共有信息是要优先进行整体纳入的。但是并不是所有类型的击发语的先设信息都具有被当做是共同信息的倾向性，甚至在同一种类型的击发语内部也不具有相同的倾向性。比如在下面这个例子中，先设不能被整体纳入，因为这样做的话会导致一个不一致的整体语境：

(36) 甲：我有一个研究生同学，
潇洒着呢，
三十多了还正在打光棍呢，
[那过的] ...
乙：[他够想] 得开啊.
甲：那倒不是，
其实 ... 嗯 ...
他特浪漫，
他说他媳妇必须是搞艺术的，
所以他没事老往美术学院跑.

总之，我们所分析的语料的类型在纳入的优先性研究方面起着关键的作用。如果我们使用的语料没有任何语境上的联系的话，那么我们对纳入问题就无法有整体的认识。迄今先设的理论研究的确显示了整体纳入具有优先性，但这是因为这些例子都是脱离语境的，必然和实际情况有偏差。

我们在前面已经提到，击发语的类型不同，其纳入的倾向性和纳入的层次性也不同。有定名词短语总是被整体纳入。先设的理论研究以及我们的分析都表明，有定名词短语通常把一个新的信息引入到语篇中来。对于这样一种既不是话语参与者共同拥有的已知信息，又不是语篇中的背景信息的信息，我们只能采用整体纳入的消解策略。

表示状态变化的动词所击发的先设和其他表达形式所击发的先设存在着一些差异。状态变化动词表示某种状态的改变，这种变化主要表现为时间上的对立和依存，击发的先设是状态变化前存在的情形。对状态变化动词所击发的先设来说，听话者必须接受状态变化的先设的真值才能对先设信息进行解读。另外，状态变化的动词击发的先设所传达的通常是语篇的背景信息，而不是焦点信息或者前景信息。这些特征支持听话者对状态变化动词所击发的先设进行整体纳入，所以状态变化动词所击发的先设具有高层次纳入的倾向性。我们用下面这个例子来展示这个特征：

(37) 状态变化动词，击发的先设：她（说话者的姐姐）还在玩

甲：现在的孩子太娇贵了，
　　这过个生日就这么隆重.
乙：我小的时候谁管啊，
　　经常是我姐带我.
甲：嗯.
乙：她那会也不大...
　　贪玩儿，
　　啥也不懂，
　　把我往个大水盆里一扔，
　　就不管了，
　　继续玩儿.
甲：@@@@

在（37）中，先设以及断言都是“把我往个大水盆里一扔”这个陈述事件的不太重要的背景信息。尽管我们已经知道说话者的姐姐当时是个贪玩的小姑娘，但是为了这个特别事件（即“把我往个大水盆里一扔”），我们还是需要整体纳入这个背景信息。

不过状态变化的动词所击发的先设在某些内嵌条件中（比如说在蕴涵算子的内嵌中）是可以被局部纳入的，因为在这些内嵌语境中进行整体纳入会导致违反语篇连贯性的限制条件。比如下面这个例子：

(38) 局部纳入：某人目前还没有编那个教材

丙：我生完孩子喝过减肥茶，
　　挺快的，

就是老得上厕所.

不过. 嗯...

你要是开始编那个教材的话,

就最好就别喝了.

乙: 嗯,

我肠胃本来就不太好,

不像你似的,

铁胃.

在这个对话中，甲乙丙三人在谈论减肥的事情（甲在这个例子中未出现）。丙说的关于乙编教材的事情处在一个由蕴涵算子引导的先行分句所构成的内嵌中，在这个内嵌语境中它需要被局部纳入，而整体纳入则会使语篇失去连贯性。这与前面例（7）的情况是一样的。

叙实性动词所击发的先设反映的是说话者心目中认为已经发生的事实。叙实性动词的先设既可以当背景信息也可以当前景信息。叙实性动词的重要特征之一就是它可以用来引入一个听话者未知的信息，那么这个信息就成了语篇的焦点和前景信息。如果叙实性动词所击发的先设被内嵌在一个蕴涵算子引导的先行分句中，那么先设信息就无法被整体纳入。为了解读这种信息，听话者通常会把这些叙实性动词所击发的先设进行局部纳入。比如下面这个例子：

(39) 叙实性动词，击发的先设：有学生上课用手机

甲: 在阿拉伯国家当老师很厉害,

你可以打学生,

[体罚].

乙: [是吗]?

甲: 我同事跟我说的,

他一开始还下不了手,

他在那儿当了两年老师嘛,

后来还打上瘾了.

乙: @@@回来他还敢打吗?

甲: @@回来学生打他.

乙: @@@就是.

甲：还有在韩国当老师也挺牛的，
如果你上课发现学生用手机，
你就可以把他的手机抢过来扔窗户外面去.
乙：是啊？
真厉害.

在上面这个例子中，由叙实性动词“发现”所击发的先设被内嵌在蕴涵算子的语境中，这个先设信息需要在这个内嵌语境中进行局部纳入。如果把这个先设信息进行整体纳入的话就会违反一致性的限制条件，纳入后的语篇就是个不合格的语篇。

从（37）和（39）这两个例子我们可以看出，叙实性动词和状态变化动词这两种击发语所击发的信息特征是不同的。从上面的例（37）中可以看出，被纳入的状态变化动词的先设是焦点的背景信息，而（39）中被纳入的叙实性动词的先设是焦点，即前景信息。

在我们对击发语的研究中，强调句式比较特别，因为它们和特殊的句法结构相关，而其击发的先设并不依赖于某个词语。强调句式已经有了一个明确的前景信息，所以即使它们的先设是新信息，在绝大多数情况下仍然是语篇其他部分的背景信息。强调句式起着修正的功能，这个功能也影响了强调句式所击发的先设对语篇所起到的作用。由强调句式所击发的先设有 58.3% 被约束，这个比例大大超出其他表示抽象事物的击发语。当先设被约束时，先行语通常是在先前的话语中。强调句式的高约束率是和这个修正功能相联系的。在受约束的情况中，这个修正信息通常指称先前话语中所说的一个论元。

强调句式的先设被纳入，这通常是因为其他的话语参与者不相信或者没有意识到被断言的论元。我们来看一个强调句式被纳入的例子：

（40）强调句式，击发的先设：保安偷东西的可能性最小
甲：你们小区看起来不错啊，
乙：怎么不错？
甲：上次我从那儿路过，
看着环境不错啊，
有个大花园是吧，
门口那个那个...

[物业...]
乙：[好啥好]，
连保安都偷东西.
甲：啊.是吗，
这么过分.

在强调句中，整体结构的构成就是要突出所对比或者是误解的论元，而先设的部分则是背景信息。强调句式通常不在内嵌中出现，如果出现的话，先设是被整体纳入。造成这个现象的原因是它们的功能，因为它们是用作强调事实信息中的一个论元，是其他话语参与者应该意识到的信息。这种类型的意义不太可能出现在表示假设的内嵌中或者是模态语境中。

否定算子所创造出的内嵌语境中整体纳入的倾向性要比其他的逻辑算子的倾向性高，这个特征和先设的本质属性有关。通常来说，先设总是能从否定的语境中投射出来，并且这种投射出来的先设一般是事实先设，因此这种投射通常发生在主话语表达结构上。

对在内嵌语境中出现的倾向性和在内嵌情况下被整体纳入的倾向性上的差异有几种可能的解释。不同击发语所击发的先设的语义类型上也会有差异，这反过来又和先设信息是背景信息还是前景信息的倾向性有很大的关系。总之，目前从理论上还无法完全解释高层次纳入优先于低层次纳入这个假设。对语料进行分析的结果表明，在不同话语表达结构层次上的纳入的倾向性与击发语在不同内嵌中出现的倾向性相关，并且和击发语的信息状态相关，也就是说，和先设信息能否作为焦点信息或者前景信息相关。

5.5 小结

本章讨论了纳入消解的特征，展示了纳入操作的使用原因、使用方法及其相关的语篇功能。我们主要依靠自然口语语篇的例子，同时也结合理论研究中的一些经典例句，并以此为根据讨论了先设理论中的若干问题。

通常认为，先设表达形式所传递的是话语参与者所共有的已知信息。但是我们从语料分析中发现，先设也可用来表达听话者未知的信息。我们首先讨论了先设表达听话者未知的信息的使用情况，并且集中讨论了语料中叙实性动词的使用，表明叙实性动词所击发的先设可以被听话者有目的地用来表达听话者未知的信息。

我们还讨论了先设纳入的准许条件问题。在当前的理论讨论中有两个关于纳入准许条件的观点。一个是范·德·森德特的观点，他是从描写内容的角度来进行解释的。另一个是布鲁特纳和齐瓦特的观点，他们认为纳入的准许条件与是否存在非先设的可替换表达形式有关。这两个观点还无法对所有的问题作出圆满的解释。从语料分析中可以看出，语境和世界知识在纳入的准许条件方面起着很大的作用，对于这个问题我们还需要进一步探讨。

最后讨论了高层次纳入的优先性问题。我们认为高层次纳入优先于低层次纳入的这个观点并不普遍适用于所有的先设击发语，理论研究中通过脱离语境的例子来解释这个观点显然是缺乏说服力的。对于这种理论观点我们应该进行修正，也就是说，对于某些先设击发语来说并不存在整体纳入优先于局部纳入的必然性。我们认为，那些出现在内嵌位置的击发语以及它们在内嵌条件下的纳入是受内嵌的种类和击发语的种类影响的。另外，所击发的先设的语义类以及纳入信息的状态对先设纳入的层次优先性起着重要作用。

第六章
架桥消解

先设是一种照应现象，而先设与语篇中信息的照应消解在很大程度上要依靠语境因素。先设和语篇语境之间的关系是非常复杂的，我们已经探讨过的约束和纳入这两种消解机制还没有完全反映出先设和语境之间的关系。在语篇中，照应语和先行词之间还存在着部分对应的现象，或者说存在着“偏序对应关系”（partial match）（Krahmer & van Deemter，1998）。先设作为一种照应形式，应该体现出语篇中所能够出现的各种照应关系，然而约束和纳入并没有涉及先设信息与语篇语境中所存在的这种非直接的、偏序对应的关系。这需要我们确定先设和语篇语境这种部分联系的机制。这种非直接的照应现象被称为“架桥照应关系”（bridging anaphora），而先设的照应关系也涉及了架桥照应关系，这就要求我们的分析不同于约束和纳入。把架桥照应关系和先设的约束结合起来处理，需要我们在约束消解机制和纳入消解机制外再提出第三种消解机制，即架桥消解机制。

6.1 架桥照应的定义和表现

架桥照应关系这个术语首先是由克拉克（Clark，1975）提出的，指的是语篇中的新信息与语境中已有信息之间存在一种部分的联系，同时架桥照应关系也包括话语参与者对这种部分联系的认识。这种认识对理解语篇中新信息在传达话语意义上的作用至关重要。另外还有不少学者对这种照应关系进行了研究，他们对这种照应关系的命名也有所不同。普林斯（Prince，1981）把架桥照应关系中有定名词短语称为“可推断的名词短语”（inferables）；霍金斯（Hawkins，1978）把架桥照应关系称为“联想照应使用”（associative anaphoric uses）；厄库和冈德尔（Erku & Gundel，1987）把它们称为“间接性照应语”（indirect anaphors）。

廖秋忠（1992：30）用“框与棂”这个概念来说明这类照应关系。他认为，当两个相邻的名词性成分 A（即“框”）和 B（即“棂”）的语义关系为：B 或为 A 的一个部件/部分、一个方面/属性，或为与 A 经常共现的实体、状态或事件，A 为 B 提供了进一步分解 A 或联想 B 的认知框架，那么，A 就是框，B 是棂。目前学者们对这种照应关系的定义基本相似。下面是近几年来学者们对架桥照应关系的定义。

阿波瑟罗斯（Apotheloz，1999）认为，架桥照应有两个特征：

1）架桥照应语指的是出现在话语中的某个新的所指，这个所指在前面的话语中没有明确地提到过；

2）这个照应语只有借助前面话语中出现过的成分才能进行解释［这种出现过的话语称为“先前信息”（prior information）］。

夏洛雷斯和科雷波（Charolles & Kleiber，1999）认为，架桥照应指的是这样一种现象：某些在篇章中定指的名词事先并未引进语篇，这些定指名词所指通过其他词推导出来。

康斯顿（Consten，2001）认为，架桥照应指的是没有明确先行词的照应现象。

徐赳赳（2005）认为，在架桥照应（他称之为“联想回指”）中，某个名词作为定指形式引进语篇时，没有先行词，或者说没有类似同指照应中的先行词，但对架桥照应语的理解靠的是前面话语中出现过、起到先行词作用的某个词。

总的来说，对架桥照应关系的处理通常是在这样一个指导方法下进行的，即对于一个给定的架桥照应语，我们能够确定一个特别的先行词，在处理架桥照应关系时我们把这个先行词称为“锚地”（anchor）。我们把前面介绍的这些学者们所称的“先前信息”和“先行词”等统一称为“锚地”。下面是语言学者们通常用来解释架桥照应关系的经典例子（Haviland & Clark，1974；Clark，1975）：

(1) Mary took the picnic supplies out of the trunk. The beer was warm. (玛丽从后备箱中拿出野餐食物。啤酒是温的。)

(2) I walked into the room. The chandeliers sparkled brightly. (我走进屋子。枝形吊灯闪烁着明亮的光芒。)

在架桥照应关系中，"架桥名词短语"指的是通过架桥照应推断来解读的名词短语；"锚地"指的是先前语篇中的一个语言表达形式所提供的信息，功能相当于一个先行词，这个语言表达形式与架桥名词短语之间存在着部分对应的关系；"链接"（link）指的是架桥名词短语和锚地之间的部分对应联系（Clark，1975）。在例（1）和例（2）中，"the beer"和"the chandeliers"是架桥名词短语，"the picnic supplies"和"the room"是锚地，链接指的是"啤酒"和"野餐食物"以及"屋子"和"枝形吊灯"之间的关系。

克拉克对架桥照应关系进行了分类。下表就是克拉克对架桥照应关系分类的总结。

表 3　架桥照应关系的种类（Clark，1975：414）

Category（种类）	**例句**
Direct reference（直接指称）	
Identity（等同）	I met a man yesterday. He told me a story.
Pronominalization（代词化）	Her house was large. That surprised me.
Epithets（表述词语）	I ran two miles the other day. The whole stupid business bored me.
Indirect reference by association（联想间接指称）	
Necessary parts（必要的部分）	I looked into the room. The ceiling was very high.
Probable parts（很有可能的部分）	I walked into the room. The windows looked out to the bay.
Inducible parts（可推导的部分）	I went shopping yesterday. The fitting drove me crazy.

续表

Category（种类）	例句
Indirect reference by characterization（特征间接指称）	
Necessary roles（必要的角色）	John was murdered yesterday. The murderer got away.
Optional roles（可选择的角色）	John died yesterday. The murderer got away.
Reasons, causes, consequences and concurrences（理由、原因、结果、同时发生）	
Reasons（理由）	John had a suit on. It was Jane he hoped to impress.
Causes（原因）	John had a suit on. It was Jane who told him to wear it.
Consequences（结果）	John fell. What he did was break his arm.
Concurrences（同时发生）	John is a Republican. Mary is slightly stupid too.

这个表中有四个大类。第一个大类的直接指称表示照应语可以直接指称前面语篇中提到的某个事物。我们认为这个大类不能看做是架桥照应关系，因为这种互指关系的消解是非常直截了当的，而架桥照应关系应该涉及照应语和锚地之间的一种推断关系。比如下面这个例子：

（3）吴平的别墅很大。面积超出我的想象。

按照克拉克的观点，要理解“面积”的指称我们需要推断出“很大”和“面积”之间的联系。

联想间接指称所涉及的是标准的照应语—锚地关系。在联想间接指称下面有三个和架桥照应有关的种类。包括“必要的部分”，如“屋子—屋顶”的关系，这是因为屋子无一例外地有个屋顶。另外是“很有可能的部分”，如“屋子—窗户”的关系，因为屋子通常有窗户。胡壮麟（1994：123）指出，英语中的 room（房间）可包括 wall（墙）、floor（地板）、ceiling（天花板）、window（窗）等词。第三类联想间接指称是“可推导的部分”，如“购物—试穿衣服”，其中试穿衣服指的是购物的一个部分。在上面所举的经典例子（2）中，“屋子—枝形吊灯”展示的就是这种关系。

特征间接指称关系和事件中的不同角色有关。这些角色可以是必要的，也可以是可选择的。比如下面这个例子：

（4）John was murdered yesterday. The murderer got away.

在上例中，“谋杀”这个动作涉及和“凶手”的架桥关系。在这个例子所描写的事件中，“the murderer”是个必要角色。我们再看下面这个例子：

（5）John died yesterday. The murderer got away.

可以看出（5）和（4）是不同的，在（5）中，“the murderer”只是个可选择的角色。

最后一类是关于原因和结果的关系，它涉及两个命题之间的修辞关系。比如下面这个克拉克所举的例子：

（6）John fell. What he wanted to do was scare Mary.（约翰摔倒了。他想做的就是吓唬一下玛丽。）

克拉克（1975：418）对（6）的解释是“约翰摔倒的原因是他想做某事；这件事是他想做的事情的先行语”。我们可以看出，“约翰想做某事”是由“wh-分裂句”所击发的先设。在所有的例子中，需要通过架桥关系来理解的成分要么是照应关系，要么是先设。在原因、结果、同时发生这类的例句中我们可以发现先设击发语，如强调句式和表示类同意义的词语。

克拉克（1975：411）总结了三个特征，这三个特征是他所确定的架桥关系的推断过程所共同拥有的。他认为架桥关系推断：

1）起源于说话者和听话者对已知信息和新信息的认同。

2）依赖于人们关于自然物体和事件的知识，这种知识超出了人们的语言本身的知识。

3）其长度不确定，但是有长度限制规则。

第一个特征指的是说话者和听话者之间对已知信息和新信息的认同。这是说话者关于把语言分为可确定的新信息和可确定的旧信息的协议，这样做可以使解读更为容易。

第二个特征指出架桥推断涉及世界知识，仅靠语言和词语方法是无法消解的。克拉克（1975：420）认为听话者可以推断出说话者想使听话者能够从自己早先的知识中计算出和说话者意图中的先行语之间的架桥照应关系，并且在自然语篇中架桥照应关系总是确定的。

第三个特征中的长度限制规则指的是要求听话者作出一个符合一致性的、尽可能短的架桥推断。这个规则也可以理解为听话者要作出尽可能少的推断（Piwek & Krahmer，2000）。克拉克（1975：419）举了下面这个例子来展示长度限制规则在“同时发生”这类架桥照应关系中是如何起作用的：

（7）Alex went to a party last night. He is going to get drunk <u>again</u> tonight.（阿历克斯昨天晚上参加了一个聚会。今天晚上他又要喝醉了。）

在这个例子中，由“again”所击发的先设和先前的语境，即阿历克斯在此之前喝醉了酒所击发的先设之间需要建立一个架桥照应关系。但是语篇中没有提到和这个先设可以约束的一个早先的喝醉酒的事件。解读者需要推测这个早先喝醉酒的事件发生在昨天晚上的聚会中。不过还可以有一个解释，那就是阿历克斯每次参加晚会都会遇到一些妇女，这些妇女们说话的声音都很尖，而这种尖的声音总是让他想起自己已去世的母亲。每想到母亲他就很难过，而他难过时总是借酒浇愁。这个架桥照应关系的可能性比起上个来说要小，长度也太大。因此，长度限制规则促使解读者在一个可能的架桥照应关系建立后就停止进行其他的推断。

从上面的描述中我们可以看出，克拉克提出的架桥照应关系实际上涉及了照应表达形式、它们的先行语以及语篇之间的关系。架桥照应关系可以在不同语义类别的语言形式之间发生，不过目前针对架桥照应关系的理论研究大多集中在对有定名词短语的讨论上，这是因为有定名词短语的架桥照应关系表现得最为突出。从架桥照应关系的表现来看，锚地和架桥名词短语之间的链接关系、代词照应表达形式和先行词以及先设表达形式和先行语之间的约束关系有相似之处。这种链接关系和约束关系在本质上是相同的。那么我们自然就会探讨架桥照应关系和先设的约束关系之间所存在的相同的属性关系。

6.2 架桥照应关系和约束理论

既然先设是一种照应语，那么架桥照应关系也应该在先设表达形式中反映出来。我们将集中讨论有定名词短语所击发的先设和语篇语境之间的架桥照应关系，以及这些击发的先设如何在先设的约束理论中进行处理。

伯斯等（Bos *et al.*，1995）、克莱默和范·迪姆特（Krahmer & van Deemter，1998），格乌茨（Geurts，1999）以及皮维克和克莱默（Piwek & Krahmer，2000）从话语表达理论以及先设的约束理论的角度对架桥照应关系进行了分析。他们认为架桥照应关系是约束和纳入之间的一种不确定性照应关系，或者说是一种歧义性照应关系。出于对架桥照应关系的这种看法，他们对架桥照应关系的处理缺乏一个明确的指导原则。斯宾内德（Spenader，2002）认为，约束理论目前并没有明确提出架桥照应关系是一种独立的消解机制，因为架桥照应关系给话语表达理论出了个难题，我们既无法把架桥照应关系归于约束，因为在话语表达结构中没有一个先行语，也无法把它归于纳入，因为新引入的话语所指无法和语境中的一个语言形式建立联系。但是他们又认为这两种处理方法都是可能的。既然前面语篇中没有先行语，那么就把有定名词短语纳入，纳入后这个信息可以和语篇的其他部分建立联系。要么就是按照我们的语感从语篇中找出一个话语所指当做是先行语，并且借此来约束先设信息。但是这种对架桥照应关系不严格区分约束和纳入的消解方法会给架桥关系的解读带来很大的问题，造成理解的混乱。总的来说，按照约束理论的观点，我们应该倾向于选择将架桥照应关系进行纳入操作。比如下面这个例子：

（8）如果吴平买一辆新车的话，他就会先检查<u>发动机</u>。

在这个例子中，如果我们想把“发动机”进行约束，我们会发现在第一个分句中并没有它的先行语，这样就无法进行等同性约束消解。如果我们凭语感把“新车”看做是先行语，并且把“发动机”和前面的“新车”进行约束的话，我们还是要给“发动机”创造出一个话语所指，这个话语所指是“新车”的一个部分。但是这样做的话就变成纳入操作了。

既然约束消解无法进行，我们就尝试纳入。由于第一个分句中没有有定名词短语“发动机”的先行语，那么按照约束理论，我们就需要将有定名词短语“发动机”所击发的先设“存在着发动机”进行整体纳入。但是在这里整体纳入又出现了问题。就像我们在 5.1.3 节中关于整体纳入问题的分析所表示的那样，对蕴涵算子所引导的内嵌中话语所指的整体纳入会导致违反语篇的连贯性条件，因为这个话语所指是假设的，在实际当中并不存在。这种违反语篇连贯性限制条件的整体纳入最终会导致违反一致性的限制条件。可以看出对架桥照应关系进行约束消解和纳入消解都遇到了问题。

6.3 架桥照应关系的处理方法

对架桥照应关系的处理方法大致可以分为三种。第一种是“诱导方法”（abductive approach），其中话语参与者共知的逻辑步骤可以成为架桥照应关系。第二种是主要依赖“词汇和世界知识方法”（lexical and world knowledge approach）来消解架桥名词短语。这种观点认为架桥照应关系是一种词汇现象。架桥照应语通过和锚地之间的词汇特征进行匹配来建立链接关系，这和克拉克所提出的直接指称和联想间接指称类似。另外一个观点可以称为“修辞方法”（rhetorical approach），也就是通过确定架桥名词短语的存在来支持锚地命题和架桥名词短语命题之间的修辞关系，从而找到一个锚地，这和克拉克所提出的原因、结果关系类似。在这三种方法中，后两种方法的影响更大。以词汇为基础的观点的主要目标是找出可以应用在语料中的分析方法。而修辞方法则试图创造出一个系统，在这个系统中我们可以用一致的方法来处理架桥照应关系（Piwek & Krahmer，2000）。由于二者的目标非常不同，它们在所使用的定义和架桥照应关系的中心问题的确定等方面也存在着差异。下面我们对这三种方法一一进行介绍。

6.3.1 诱导方法

诱导方法是由霍布斯（Hobbs，1987）提出的，他把架桥关系看做是一种“隐涵”（implicature）现象。他提出用下面这个方案来解决架桥照应关系：

(9) 如果P已知，并且（P ∧ R）→ Q为已知，那么如果Q被先设（并且还没有建立起来），那么就纳入R和Q。

我们将这个方案应用到上面的例（2）：

(2) I walked into the room. The chandeliers sparkled brightly.（我走进屋子。枝形吊灯闪烁着明亮的光芒。）

其中，先设Q是“there are chandeliers（存在着枝形吊灯）”，P是“there are lamps（存在着灯）”，R是“in the form of branching texture（呈树枝的形状）”。有定名词短语“the chandeliers”会被纳入为“这些灯呈现树枝的形状”，解读者就可以推断出枝形吊灯的存在。解读者之所以把这些灯推断为枝形吊灯是出于下面的原因：1）语篇语境中包括“灯”这个突出信息；2）枝形吊灯是灯的一种，这是个事实；3）另外一个事实是“枝形吊灯”被先设。可以看出，这种先设的架桥消解机制缺乏独立的推断手段。

6.3.2 词汇和世界知识方法

范·德·森德特对架桥照应关系处理存在着一个问题，那就是他没有考虑到世界知识或者百科知识所能起到的作用（Piwek & Krahmer，2000）。很多研究者提出架桥照应关系可以通过词汇和世界知识来进行消解。方法就是把架桥照应语和它的锚地之间按照中心词汇的语义关系进行分类，然后依靠这些分类来进行消解工作。比如下面这个例子：

(10) 吴平的新衬衫很时髦，不过领口太紧了。

在例（10）中，“领口”和“衬衫”之间可以确立其词汇关系，因为二者都有“衣服”的语义特征，同时这个词汇关系也会和我们的世界知识结合起来，并且确定“领口”和“衬衫”是部分—整体的关系。

目前已经有一些学者从词汇和世界知识的角度来分析架桥照应关系，他们研究的重点集中在有定名词短语上。他们试图通过确定作为架桥照应语的有定名词短语和锚地之间的词汇关系来处理锚地和架桥名词短语之间的链接关系。

伯斯等人（Bos *et al.*，1995）是最早借助话语表达理论来分析架桥照应关系使用的学者。他们借助普斯特耶夫斯基（Pustejovsky，1991）所提出的生成词库中的信息，并且将这种信息应用在话语表达结构中来帮助消解架桥照应语。不过他们分析的只是一些涉及部分—整体关系的词汇，因为他们研究的目标是通过某些词汇的这种部分—整体的关系来生成架桥照应关系，其涉及的关系范围太小，不适合应用在实际语篇的分析中。

和伯斯等人的分析方法不同，波伊西奥（Poesio，1997）以及维埃拉和特尤富尔（Vieira & Teufel，1997）使用了另一种词汇方法来分析自然语篇中有定名词短语的架桥照应关系。他们使用了一种称为 WordNet 的语义网络系统来确定架桥照应关系，这个网络系统可以生成词汇的语义类型，并且将这些词汇按照所生成的语义类型进行联系。波伊西奥和维埃拉（Poesio & Vieira，1998）把克拉克所提出的“原因、理由和结果”的关系作为推断基础，通过这个推断过程把架桥照应关系中确定锚地和链接的词汇关系类型进行了分类，包括同义关系、上下义关系、事件以及语篇话题。他们按照上面的分类方法进行了书面语篇语料分析。在此过程中，他们遇到了一些问题。第一，经常会有一个以上的锚地被确定。第二，有的时候可以有一个以上的途径来描述锚地和架桥名词短语之间的关系。不过他们没有对此作出清楚的解释。

克莱默和范·迪米特（Krahmer & van Deemter，1998）首先将架桥照应关系纳入到先设的约束理论中进行分析。接下来，皮维克和克莱默（Piwek & Krahmer，2000）在约束理论的框架下提出了类型构建理论（Construction Type-Theory），这个理论是一种以词汇为基础的处理方法，其操作机制是演绎推断。它把词汇和世界知识的信息结合起来，并以此为基础分析架桥名词短语和锚地以及语篇语境之间的关系，不过他们也指出并不是所有的架桥指称都可以通过词汇信息进行分析。他们区分了两种类型的架桥推断。第一种类型是直接的词汇方法，就像例（8）那样。要对这样的架桥照应关系进行消解，我们需要把一个词汇关系与类型构建理论的语境结合起来以创建一个演绎证明，这个证明使得架桥推断变得清晰明了。像例（2）那样的例子更为复杂些，它们是通过一个约束和纳入相结合的程序来处理的。皮维克和克莱默提出把“the chandeliers（枝形吊灯）”的先设分解为两个部分，即先设的物体是一个灯这样一个信息，以及这个灯更准确地说是个枝形吊灯这样一个信息。该物体是一个灯的信息可以借助世界知识（屋子里面应该有灯）与屋子进行约束，然后与类型构建理论的语境结合起来。先设的第二个部分，也就是这个灯更是个枝形吊灯需要被纳入。皮维克和克莱默认为，尽管架桥照应关系可以通过词汇关系来计算，我们还是需要某种推断机制来对架桥照应关系进行确定。他们认为可能存在多个方法来推断锚地和架桥名词短语之间的关系，这为我们进行语篇分析提供了有益的启示。他们提出了两个条件有助于使架桥程序成为一个确定的程序。第一个条件是“努力条件”（efforts），借助的是克拉克的长度限制规则，它在类型构建理论的操作框架中创立了最短的、符合一致性原则的架桥推断操作。另外一个条件是“可能性条件”（plausibility），当存在多于一个可能的锚地的情况下，这个条件用来消除歧义，并且确定一个更为可能的或者与说话者的目的更为一致的消解。在这里克莱默和范·迪米特提出了语篇中有可能存在多个有歧义的锚地的预测，这也为我们的语篇分析提出了启示。

目前已经有一些研究者在词汇和世界知识方法的框架下对架桥照应语的消解进行了实际语篇的分析工作。最有影响力的是波伊西奥和维埃拉（1998）所做的两个试验研究工作。他们所提出的方法可以用来测试和评估架桥照应关系的分类。他们首先对有定名词短语按照语义类型进行分类，然后让两个注解者各自对同样的语料中的有定名词短语进行消解分析。这个分析是在先设的约束理论框架下进行的，所以也涉及约束消解和纳入消解。其目的在于确定他们对有定名词短语的语义分类是否正确，同时揭示约束消解、纳入消解和架桥消解之间的差异。如果不同的注解者对语料分析的结果有很高的一致性，那么就说明他们对有定名词短语的语义分类是可靠的。

我们首先介绍一下波伊西奥和维埃拉（1998）对有定名词短语的语义分类。他们把有定名词短语按照所有可能表现的语义关系分为八大类。

第一类是同指关系，指的是作为照应语的有定名词短语和前面语篇中的某个信息或者语言表达形式存在着直接的指称关系。

第二类包括的有定名词短语是语篇中的新信息，这些有定名词短语和前面语篇中的信息和语言表达形式没有指称关系。

第三类是相关关系，指的是作为照应语的有定名词短语和前面语篇中的某个信息或者语言表达形式存在着相关关系，但是二者的语义类型不同，也不是完全相同的事物和语义事件。

第四类是描写关系，指的是有定名词短语在语篇中对自身进行描写和解释，从本质上来说也是语篇中的新信息。

第五类是可计算关系，指的是通过有定名词短语对一个时间或一个地点的指称来推断出它的意义。

第六类是已知关系，指的是有定名词短语的信息是共知的信息，不过在语篇中表现为新信息。

第七类是表达形式，指的是有定名词短语是某个表达形式的一部分，但是它没有确定的所指。

最后，他们把无法归于上面这七类的有定名词短语归为一类。

如果把这些类型用在约束理论中，那么标为“同指关系”的有定名词短语就会被分析为约束，标为“新信息”和“已知关系”的有定名词短语就会被处理为纳入。和架桥照应关系最为相关的是“相关关系”和“描写关系”的类型。“可计算关系”和“表达形式”可以各自归为一类，并且在具体的分析中可以处理为约束或者纳入。

他们的实验表明，不同的注解者对有定名词短语的架桥照应关系的确认存在着很大的分歧，这说明用传统的架桥照应关系的分类方法对语篇中有定名词短语进行分析有很多困难，导致注解者在约束关系、纳入关系和架桥关系的确认上出现了争议。这就意味着我们需要对架桥照应关系的传统分类进行修正，同时也需要对架桥照应语和锚地之间链接关系的确认进行修改。不过，尽管存在着这样那样的问题，波伊西奥和维埃拉的研究方法还是为我们的语篇分析提供了很好的方法论支持，他们的研究方法已经成为计算语言学分析有定名词短语的标准方法。

6.3.3 修辞方法

第三种观点所采用的方法是通过确认包含锚地表达形式的句子与包含架桥照应语的句子之间的修辞联系的功能来确定锚地和链接。其中，阿什尔和拉斯卡瑞德斯所提出的观点最具有代表性。

阿什尔和拉斯卡瑞德斯（Asher & Lascarides，1998a：83）把架桥照应关系明确定义为一种推断，要推断的是一个语篇中的两个事物或者事件之间的一种特别的修辞联系方法。他们使用的还是克拉克最早列出的关系目录，不过他们又把某些无定名词短语也包括进和先前语境之间的架桥照应关系中。他们举了下面这一个例子，认为其中计划自杀和绳子之间具有架桥照应关系。

(11) Jack was going to commit suicide. He got a rope.（杰克要自杀。他找了一根绳子。）

消解和语篇结构是密切联系的。阿什尔和拉斯卡瑞德斯认为架桥照应关系是“语篇结构计算的一个副产品”（Asher & Lascarides，1998a：85）。他们认为解决架桥照应关系的消解问题可以从两个方向进行：一个先前确定的锚地可以帮助确定一个修辞关系，而修辞关系可以帮助消除两个锚地之间的歧义。阿什尔和拉斯卡瑞德斯的处理方法和其他关于架桥照应关系的处理方法的不同之处在于，他们认为必须利用语境所能够提供的各种有助于消解的渠道。有的时候词汇和世界知识会允许一个架桥推断被消解，那么这个消解会使某个修辞关系更为清晰。

阿什尔和拉斯卡瑞德斯借助四个元规则来消解架桥推断，这些规则可以限制可能的消解类型。第一个是“如果可能，使用等同性操作”（If Possible，Use Identity）。这个规则规定约束消解优先于架桥消解，也就是等同性链接的消解优先于其他类型的关系。第二个规则是“架桥关系可能性”（Bridges Are Plausible）。这个规则防止过分生成不可能的架桥推断。阿什尔和拉斯卡瑞德斯讨论了把潜在的架桥推断限制在克拉克最早所提出的分类中的可能性，这样也就可以限制潜在的搜索空间，不过他们也指出他们还不确定克拉克的分类是否包括了所有不同的、需要我们去确定的连贯关系。第三个规则是“语篇结构确定架桥关系”（Discourse Structure Determines Bridging）。这个规则规定，如果有一个可以通过架桥推断的信息来确定的修辞关系，那么就应该作出这个推断。修辞结构有可能在架桥照应关系之前得到确定，不过在其他情况下架桥照应关系能够帮助确定语篇结构。这个规则不是绝对的。最后一个规则是“把语篇连贯最大化”（Maximize Discourse Coherence）。这个规则规定，在消解中，创立最为连贯的语篇结构优先于词汇和世界知识。下面这个例子（改自 Wilson & Matsui，1998）所展示的是语篇结构的需要可以优先于世界知识：

(12) 吴平从昌平搬到了王府井。这样房租便宜些。

世界知识告诉我们，通常王府井的房租要比昌平的房租高，即昌平的房租要便宜些，那么架桥名词短语“房租”应该消解为昌平。但是这样会导致一个不连贯的语篇，因为我们很难理解这两个句子之间的关系，也就无法理解吴平为什么要搬家。阿什尔和拉斯卡瑞德斯认为解读者会优先选择能够说明施事的行为意图的解释。如果王府井被看做是锚地的话，那么这两个句子的修辞关系就可以得到计算，因此这个解释是要被优先考虑的。因此，尽管世界知识与语篇的信息相反，我们仍然优先选择王府井是锚地，因为它使我们理解两个句子之间的连贯关系。在存在多个锚地的情况下，我们可能会得出不同的解读，这时尤其需要确定链接以便选出合适的锚地。

与诱导方法以及词汇和世界知识方法比起来，阿什尔和拉斯卡瑞德斯的方法和语篇语境的信息结合得更为紧密。不过，用这些方法处理的例句的语境仍然过于单调。在语境丰富的语篇中，架桥照应语和锚地以及语境信息之间存在着复杂的修辞关系，同时在它们之间的词汇关系中也会存在着多种联系，甚至会有歧义现象，因此我们无法单凭其中某个方法来消解架桥照应语。在语篇分析中我们可以参照这些处理方法，从多种渠道进行架桥照应关系的消解工作。

6.4 语料分析

我们的研究中也使用了两个注解者。我们将使用波伊西奥和维埃拉（1998）所使用的以语义为基础的有定名词短语分类方法进行语料分析。在他们的分类中，“同指关系”和“相关关系”这两个类型是明显的照应关系，我们要求注解者在遇到具有这两种关系的有定名词短语时必须确定先设照应语的先行语，以及有定名词短语解读所依靠的锚地，如果有超过一个的可能的先行语或者锚地，那么按照传统的约束理论，注解者要选择在线形结构上最近的先行语或者锚地。

我们目前研究中的两个注解者在对材料分析的共同性方面也存在着较大的分歧。在语料所确定的1432个有定名词短语中，第一个注解者确定其中为架桥照应关系的词组有301个，占总数的21%；第二个注解者确定为架桥照应关系的词组为375个，占总数的26.2%。之所以有这么大的差异主要有以下几个原因：第一个原因就是波伊西奥和维埃拉规定的类型标准有错误。另一种可能性就是一个架桥照应关系的名词短语只能确定一个锚地这个观点不正确。还有就是口语语篇不同于书面语篇。书面语篇中有定名词短语的照应关系比较清晰，而口语语篇中这种照应关系比较模糊，不容易进行标示。所有这些原因造成了不同的注解者在这种分类工作中很难达到很高的共同性。

在我们的分析中有不少例子的架桥照应关系比较容易确定，比如下面这个例子：

(13) 甲：... 还有那种市场调查的电话，
一开始我还听呢，
后来直接说没空，
我妈吧，
老太太心肠软，
总觉得人家那个啥找份工作不容易.
乙：你知道他是谁呀.
甲：就是，
有的人不怀好意呢?
<u>有过犯罪分子就是假装打电话</u>，(A)
探索... 探探你家虚实，
然后下手，
我就给她讲<u>这个案例</u>，(B)
后来她也不理了.

在这个例子中，架桥照应语“这个案例”（B）和锚地（A）的架桥照应关系比较容易辨明，我们在这里借助二者之间的词汇和世界知识就可以确定其架桥照应关系。

不过在有些例子中，架桥照应关系的确认并不是那么直截了当。在下面的例（14）中，两个说话者甲和乙在谈论乙的办公室的脏乱问题。

（14）甲：你那地儿（A）怎么那么乱啊？
[那] ...（a）
乙：[我] 那儿（B）吧，
人太多，
都是些刚毕业的，
嗯．还没养成整洁的习惯．（b）
甲：那墙上（C）粘的都什么乱七八糟的呀？（c）
真得好好清理一下，
那些客户（D）进来一看，
好...，
谁还和你们做生意啊？
乙：这几... 这几个星期（E），
我还一直盯着他们保持整洁呢，
嗨... 都是小孩儿．

在这个例子中，“你那地儿（A）”和“我那儿（B）”为等同关系，也就是说，它们是同指关系。“那些客户（D）”被看做是语篇中的新信息（也有可能两个说话者都知道这个信息，即“已知关系”）。“这几个星期（E）”表示的是时间，必须可以从语篇的时间点计算出来，因此被两个标注者标为是“可计算关系”。“那墙上（C）”被两个标注者标为是“相关”，和“你那地儿（A）”有相关关系。最后这个关系与架桥关系的理论文献中的典型例子非常相似。问题（a）和问题（c）之间有明显的平行关系，在（c）中说话者似乎在确认他的问题在乙的陈述（b）中得到了回答。

那么前面我们介绍的方法是如何消解上面这个例子中“那墙上（C）”和“你那地儿（A）”之间的关系的呢？那些提出使用词汇和世界知识的处理方法在确定这个链接上有困难，因为这里没有任何明确的词汇和世界知识的关系。那些从修辞的角度来确定链接的处理方法会更好一些。我们也可以看出问题（c）中的“那”是问题（a）的延续。这个例子展示的是包含锚地的话语和包含架桥名词的话语存在一个修辞关系，这个修辞关系可以支持架桥照应关系的确定。

我们再看下面这个例子：

（15）甲：我翻出来过一个我... 嗯..
我小学写的作文，
那会儿家里都养鸡，
我家养了一只公鸡（A），(a)
还有... 嗯七只母鸡.
乙：@@我家有十好几只呢.
甲：我写的那个那个，
有一句话就是..
我们家大公鸡的尾巴（B）上长着五颜六色的羽毛，(b)
一下蛋就咯嗒咯嗒地叫着向我们汇报.
乙：@@@挺好的呀.
甲：是挺好的，
公鸡下蛋.

在这个例子中，表示领属的名词短语“大公鸡的尾巴”使得我们不需要借助“尾巴”和“大公鸡”之间的词汇关系和世界知识来消解架桥名词短语。“公鸡”在前面的（a）中被提到，这使得它处于焦点位置，并且使架桥名词短语显得自然。在包含“大公鸡的尾巴”的话语（b）和（a）之间还存在一个语篇关系，甲的话语的目的是为了讲述她作文的内容，(b）为乙提供了更多的关于甲作文的信息。

口语语料中架桥照应关系的特征表现在三个方面：架桥名词短语通常有多个锚地，有些被确定为表示语篇中新信息的有定名词短语能够和架桥名词短语以同样的方式和语篇产生联系，另外通常有几个不同的途径使有定名词短语和一个给定的锚地之间建立架桥照应关系。

6.4.1　多个锚地的问题

我们在分析中发现，有一些架桥名词短语有多个锚地，克莱默和范·迪米特（Krahmer & van Deemter，1998）曾经提出语篇中有可能存在多个有歧义的锚地的预测，不过他们没有就此问题作深入的探讨，而在口语语篇中我们经常能够发现架桥名词短语在前面的语篇中存在一个以上锚地的现象，比如在下面这个例子中，甲在跟乙讲述她上学时计算机房的情况。

（16）甲：我们年级三个班一块儿上..
　　　　　那什么上机课.
　　　乙：好家伙.
　　　甲：那些电脑都是老掉牙的（A），
　　　　　这三个班... 好..
　　　　　七八十人挤在那里上机（B），
　　　　　那个噪音（C）得有100分贝.

在这个例子中，两个注解者都把那个噪音（C）标为“相关”，不过这里有不同的锚地。第一个注解者选择“那些电脑都是老掉牙的（A）”作为锚地，第二个注解者选择“这三个班... 好... 七八十人挤在那里上机（B）”作为锚地。噪音可以是来自老电脑，也有可能是来自众多的学生。在我们的语料中，两个注解者所标注的具有“相关的”特征的架桥名词短语中对有一些锚地的确定是不一样的。不过在这些情况中，锚地选择的不同并不会导致差别巨大的解读。在我们目前的研究中，对锚地所作出的不同的选择之间通常具有相关性，架桥名词短语之间也是如此。在下面这个例子中，说话者在讲述她上学时头疼的事情：

（17）乙：所以说还是当学生好呀，
　　　　　无忧无虑呀，
　　　　　哎[就是].
　　　甲：[当学]生也不总是无忧无虑的呀，
　　　　　上学的时候吧（A），
　　　　　嗯... 快到学期结束的时候吧（B），
　　　　　那些作业啊，

考试吧（C），

就让我头疼.

在这个例子里，第一个注解者把“那些作业考试（C）”消解为“上学的时候（A）”，把它解读为“部分—整体”的关系，而第二个注解者把它消解为“快到学期结束的时候（B）”，这是它指称的事件，实际上是快到学期结束的时候的主要事件。

我们认为，这些在锚地确定上的分歧不应该被看做是注解者的错误，这其实表明了架桥照应关系中存在着多个锚地的现象。波伊西奥和维埃拉（1998）的书面语篇分析结果也表明注解者在架桥照应语的锚地确定上经常有分歧。这些结果实际上也并不奇怪。通常在一个语境丰富的语篇中，语篇的连贯性是通过多种方式完成的，并且涉及多种信息的联系。关于架桥照应关系的理论研究中没有关注多个锚地的问题，这是因为他们例句中的语境还没有丰富到可以提供多个锚地的程度。

既然架桥名词短语和多个锚地之间存在链接关系，那么有些链接关系是否比别的链接关系更为紧密？要回答这个问题，我们可以先观察每种关系之间是什么样的链接。比如例（16）中，“那些作业考试（C）”和“快到学期结束的时候（B）”之间的链接应该是克拉克所划分的“可能的部分”或者是“可推导的部分”，并且“那些作业考试（C）”和“上学的时候（A）”之间的链接也应该是同样的关系。然而，“快到学期结束的时候（B）”很明显是“上学的时候（A）”的一部分，即“必要的部分”。但是虽然我们了解哪些关系在起作用，这也并不能为确定哪个是最好的锚地提供帮助。在这个研究中，我们要求注解者在存在多个锚地的时候选择线性距离最近的相关锚地，但是他们认为有些距离更远的锚地是最佳选择，线性结构最近的可能锚地不一定是最佳的锚地。如果从语篇的连贯关系的角度来看锚地选择，我们认为能够更好地支持修辞关系的锚地应该被优先考虑，但是在很多例子中并不能找到清楚的修辞关系。由于语篇中存在着这些客观的问题，我们应该修改确定最佳锚地这个观点，对架桥照应语和语篇的正确理解应该是要求确定数个链接关系。我们看下面的例子：

（18）甲：@@要不然礼钱（A）收不回来，

真麻烦，

那是不是还得...
嗯... 记着谁谁送了多少钱?
乙：对呀,
我们那儿洞房前,
放着一个大盒子,
专门放... 啊... 红包,
红包上写着礼钱的数额（B）,
而且那儿都有一个管账的（C）,
在那儿写某某,
多少多少钱,
那个记着礼钱数额的单子（D）就留着了,
以后呢作参考.

在这个例子中，两个注解者都把有定名词短语“那个记着礼钱数额的单子（D）”标为具有相关性。第一个注解者把“礼钱的数额（B）”确定为锚地，而第二个注解者把“管账的（C）”确定为锚地。我们认为这两个注解者都没有错。写这个单子的目的是为了记录礼钱的数额，同时这个单子又是管账的写的。但是我们也要承认这些东西都是关于“礼钱（A）”的。这样，“那个记着礼钱数额的单子（D）”就以不同的方式和前面语篇中不同的个体产生联系。如果不能看出任何一种关系的话，就表明我们还没有真正理解这个语篇。

从上面这个例子可以看出，锚地能够出自两个或者两个以上的语言表达形式，并且这些表达形式可以准许架桥名词短语的使用。这也可以反映出对锚地的注解工作很难达到较高的共同性的原因。

6.4.2　同一锚地的多个链接问题

正如语篇中会有多个锚地一样，语篇中也会有多个链接，也就是说，架桥名词短语和某一个锚地之间可能会有多种链接关系。皮维克和克莱默（Piwek & Krahmer，2000）认为可能存在多个方法来推断锚地和架桥名词短语之间的关系，不过他们对此并未作进一步的说明。这为我们进行语篇分析提供了有益的启示。当注解者在锚地确认上意见一致时，并不意味着只有一种方法来确定链接关系。对于有些例子来说，会有很多有效的途径。我们看下面这个例子：

(19) 甲：你要希望自己有一种...
你有一种志愿... 意向.
就是说，
希望自己成一个完美的人.
对吧？
乙：[嗯].
甲：[全] 方位地塑造自己，
那一些社会活动（A）呢，
一定要一种... 要参加.
不能... 就是说，
我想就参加，
有兴趣就参加.
像今天下午参加诗歌朗诵会，
你就不感兴趣？
乙：我不喜欢去.
甲：你知道为什么要参加诗歌朗诵会（B）吗？
乙：这个我不知... 不理解，
可是还不得不参加这个... 这个集体活动（C），
学校要求的.

两个注解者都把“这个集体活动（C）”标为和“诗歌朗诵会（B）”相关。首先从这个语篇（这个并没有在这里完整地展示出来）中可以看出来还有别的关系可以被看做是可能的锚地，比如说“那一些社会活动（A）”，不过我们在这里就把注解者确认的锚地看做是最有可能的锚地。

那么“这个集体活动（C）”和“诗歌朗诵会（B）”之间是什么样的关系呢？这不是一种标准的词汇关系。它涉及一个世界知识，那就是在学校或者单位里面，诗歌朗诵会是一种有组织的集体活动。另外还存在一个事实，那就是在这个对话中，“诗歌朗诵会”和“这个集体活动”都是动词“参加”的宾语。这个事实也有助于我们理解这个链接。

从解释语篇的连贯性的角度出发，我们在这里还可以借助修辞的方法来确认二者的链接关系。比如说，乙承认她不理解甲所提出的问题，即为什么要参加诗歌朗诵会。命题“这个（为什么要参加诗歌朗诵会）我不理解”在修辞上通过表示转折对立的词“可是”与“我不得不参加这个集体活动”发生了联系。为了使这两个命题的关系清晰化，我们就有必要把“这个集体活动（C）”消解为“诗歌朗诵会（B）”。

当一个架桥照应语被使用时，每一个解读者都不可能获得确定链接的所有必要信息。锚地和架桥名词短语之间的链接如何确定很明显取决于解读者如何理解语境中的各种关系。为了确定一个锚地，不同的解读者会依赖不同的信息渠道来创造出一个链接。这也就反映出在语境丰富的语篇中，架桥名词短语和锚地之间的链接关系可以通过多种手段建立起来，并且解读者个人可能从不同角度来感知到这个链接关系，不过，由于解读者个人对链接关系的感知途径和手段存在着分歧，这也会使他们在确定链接关系时出现争议，这也是我们下面要谈到的问题。

6.4.3 链接的问题

从前面的例子我们可以发现，注解者的实际分析与架桥照应关系的理论构想存在着差异。每个注解者对链接关系的感知途径和手段都有可能存在差异，这会给他们在确定架桥照应关系时带来分歧。比如我们发现在语篇中，注解者对某些关系应该是看做进行架桥消解的相关信息，还是看做进行纳入的属于语篇的新信息上有分歧。我们看下面这个例子：

(20) 甲：你不打算学车呀？
乙：我学了也没的开，
学它干吗.
甲：没考虑买车？
乙：没，
我上班儿那么近，
骑车几分钟就到了，(A)
买．买个车还不够我操心呢，
当然了，
主要是没钱，

甲：@@拉倒吧你，
你还是不太需要，
那那... 好多人还贷款买车呢.
乙：倒也是，
我要是住得远，(B)
可能也买了，
看那些挤公交车的（C）太痛苦了.

在这个例子中，两位注解者对“那些挤公交车的（C）”分类意见不一。一个认为它是语篇中的新信息，应该纳入。另一个注解者认为它和（A）和（B）有相关关系，这种相关关系是通过和（A）（B）的对比修辞关系建立起来的。我们再看另一个例子：

（21）甲：那才能占多少地方，
还能保护书呢.
乙：嗯．环保吧，
节约点儿资源（A）.
甲：美国人才不环保呢，
还是人家富，
有钱，
大手大脚的（B），
我看着都心疼.
乙：就是，
那厕所里擦手的纸（C）一把一把地拽，
甩干得了呗.

两位注解者对“那厕所里擦手的纸（C）”看法不同。第一位注解者把它标为是新的语篇信息，并且需要进行纳入处理。但是第二位注解者认为它和前面语篇中的语义个体或者事件和事实如（A）和（B）相关，应该属于架桥照应关系。这些例子表明，解读者个人的感知的差异会导致架桥照应关系确定上的差异。目前我们还没有好的方法来区分新信息与有相关关系的信息，有些被确认为架桥照应的关系也许应该被处理为纳入。

波伊西奥和维埃拉，以及我们在分析中常遇到的问题是语篇中的新信息和架桥照应关系之间的区分。这是解读者之间经常存在的分歧，也是区分新信息和有相关关系的信息的困难所在。尽管研究发现，有定名词短语在很多情况下是引入新的信息到语篇中，并且不总是像人们认为的那样和照应意义一起起作用（Fraurud，1990；Poesio & Vieira，1998）。不过口语语篇和书面语篇是有差异的。福劳鲁德、波伊西奥和维埃拉所研究的是书面语篇，书面语篇中有更多修饰语丰富的名词短语。这种名词短语通常用来引入新信息，解读者也容易感知到这一点，因为它们附加的描写内容使它们显得更为特别。而口语中的有定名词短语通常很短，结构也很简单。

我们通常把先设理解为是一种提供背景信息的途径，或者至少被处理为部分已知的信息。断言通常是提供新信息的途径，那么通过先设把部分已知的信息引入语篇也是一个常用的方法。现在的问题是引入新信息的有定名词短语和那些引入相关关系信息的有定名词短语之间是否有明确的差异，以及架桥照应关系的定义是否应该修改。如果按照我们目前分析架桥照应关系的方法，那么被划分为架桥照应关系的有定名词短语的数量就会被过分生成，这就表明我们所使用的架桥照应关系的定义应该修改。

6.5 对架桥照应关系定义的思考

从上面的分析我们可以看出，在口语语篇中经常有多个锚地以及多种描述某个锚地的链接的方法。对于这些问题，目前关于架桥照应关系的理论并没有提供明确的处理方法，它们只是提出有这些现象的可能性。其原因是这些理论所持的观点是一个架桥名词短语仅限于确定一个特别的锚地，问题是按照这种观点，这些理论的架桥照应关系的生成能力太弱。

还有一个问题就是，在语篇语境丰富的条件下，如果使用像克拉克（1975）所提出的范围较宽的分类法的话，我们会通过架桥推断的解读确定大量的语言表达形式。这会导致一个问题，我们会过分生成架桥名词短语。这个矛盾的出现表明我们需要将架桥照应关系的定义进行修改，使它既可以确定具有相关关系的架桥有定名词短语，同时又可以确定某个架桥名词短语在语篇中所存在的多个锚地的链接关系。很自然，我们首先需要修改架桥照应关系中具有唯一锚地的传统观念。我们认为在语篇中可能存在一个以上的锚地，只要是架桥名词短语与前面语篇中的信息或者语言形式有相关关系，那么这些信息或者语言形式就可以看做是这个架桥照应关系的锚地。

目前关于架桥照应关系的理论为什么会忽视多个锚地和多种链接关系的现象呢？这和这些理论研究的分析对象和手段有关。目前理论研究所存在的一个共同问题就是分析的例句和语篇不够自然，并且语境信息非常贫乏。这无法反映在自然语境下的语篇中所展示的复杂的架桥照应关系。从对口语语篇的分析中我们可以看出，架桥照应关系和语境密切相关，架桥照应关系的准许条件是语境而不是语篇中的某些语言形式。

另外一个问题则是架桥照应关系生成能力过强的问题。如果在语境丰富的自然语篇中应用传统的架桥照应关系的定义进行分析工作的话，那么可以认定架桥照应关系的数量就会大大地超出传统意义上的架桥照应关系数量，造成过分生成架桥照应关系的结果，对此我们目前还没有找出很好的解决办法，因为我们还无法解释解读者对语篇中新信息和相关关系的信息在感知上的差异。解读者之间的差异在很大程度上造成了感知上的差异。我们可以尝试从克拉克对架桥照应关系的定义中排除掉一些下属的分类，这样可以部分地解决架桥照应关系生成能力过强的问题。克拉克最初的分类是为了使语篇满足连贯性，但这个分类存在着问题。这个分类包括了同指关系、代词指称以及非先设的语言形式，基本上所有结构上和语义上的关系都归到了架桥照应关系的分类中。它们在语义性质上是非常不同的，所以应该用不同的方法来处理。克拉克对架桥照应关系的范围过宽的分类造成了语篇分析中过分生成架桥照应关系的结果，同时也使架桥照应关系成了一个没有什么特征的语言现象。

从以上的讨论中我们可以看出，架桥消解是一种独立于约束消解和纳入消解的消解机制，但是在架桥消解中又可以找到另外两种机制的某些特征，所以我们认为架桥消解的实质是一种约束消解和纳入消解相结合的消解机制。我们现在尝试用三个特征来确定架桥照应关系，这三个特征可以反映出架桥消解本质中的约束消解和纳入消解的特征。借助这些特征我们可以从传统的架桥照应分类表中排除那些不相关的关系。这三个特征是：首先，架桥照应关系是先设照应关系的一个子集。其次，架桥照应关系的消解要求引入一个新的语义个体作为话语所指，这反映出架桥消解机制中所固有的纳入消解的特征。最后，架桥照应关系的消解需要通过语义关系或者修辞关系将这个话语所指与语境中的某个或者数个已经给出的话语所指（即锚地）建立链接联系，这个过程反映出架桥消解机制中约束消解的特征，同时也反映出架桥照应关系中存在多个锚地，以及多种链接的现象。

架桥照应关系的这三个特征可以看做是这种照应关系的语境准许条件。架桥照应关系的消解机制与约束和纳入的消解机制是不同的。架桥照应关系的信息取决于语篇中的信息，同时它们会引入一个新的话语所指到表达结构中去。我们还拿上面的例（8）来说明：

（8）如果吴平买一辆新车的话，他就会先检查发动机。

在这个例句中，“发动机”的话语所指必须要么加到这个条件句的先行分句中，要么加到结果分句中，其结果相当于一个中间纳入或者局部纳入。架桥名词“发动机”会引入一个新的话语所指到其中的一个语境，另外“发动机”作为汽车的一个部分的信息也需要被加入，这反映出纳入消解的特征。这样，架桥照应关系就涉及加入一个新的话语所指以及描写信息，并且新的话语所指可以与一个语篇中已经给出的话语所指（锚地）建立清楚的链接关系，这反映出约束消解的特征。

我们按照这三个特征来看克拉克的分类表，那么我们就要把第一大类直接指称关系排除掉。首先，同指关系不应该被看成是架桥照应关系。同指关系和架桥照应关系在本质上是两个完全不同的语义概念。架桥照应关系把一个新的话语所指加入到语境中，同指关系是对一个现存的个体的认识或者重新确认的过程。另外要排除出去的是不要求进行语义和修辞推断的情况。其次，代词不应该归入架桥照应关系，它们不提供新的关于存在事物的信息，也不需要语篇中新的信息来进行消解。它们受语篇结构的限制。最后，它们对语篇结构的贡献形式和有定名词短语非常不同。它们的解读并不完全取决于语境，而是取决于另一个语篇个体。

我们还要排除“表述词语”的类型。首先这些词语的功能是作为另一个成分的论元，这个成分是与语境相联系的。它们不要求有一个借助语义和修辞关系的推断过程，这是因为这个联系已经被清楚地标明了。另外，这些关系本身通常不能支持一个照应关系（Poesio & Vieira, 1998）。波伊西奥等人（1997）观察到，如果链接没有清楚地标明的话，这些关系通常很难用架桥照应关系来进行消解。

无定名词短语不应该算作是架桥照应关系的语义类型，因为无定名词短语并不是先设的语言形式，它所表示的是断言信息。无定名词短语和语境之间不需要通过任何照应的标志来表现。从语义角度来看，断言信息和先设信息是明显不同的。如果要在某些无定名词短语和语篇中的某个信息建立一个架桥照应链接的话，我们就必须把无定名词短语与有定名词短语用同样的方法来处理，因为我们所需要的是和有定名词短语同样的信息。但是用相同的方法来处理有定名词短语和无定名词短语就会忽略二者提供的信息上的差异。

在解读者确认为“新的语篇信息”的类型中，有一些信息和语篇中的某些个体有相关关系。它们类似于克拉克的“可推导的部分”，而“可推导的部分”和语境的关系不如“必须的部分”和语境的关系那么密切。语境是架桥照应关系的准许条件，由于有些“可推导”的语义关系和语境的联系过于松散，同时语境的内容又过于贫乏，那么把它们处理为纳入会更为合适，不过在新的语篇信息和可推导的语义关系是否应该归为架桥照应关系的问题上我们还应该进一步研究。

6.6 小结

我们已经讨论过的约束和纳入这两种消解机制还不能完全反映出先设和语境之间的关系，这是因为约束和纳入并没有涉及先设信息与语篇语境中的部分的、非完整的联系。架桥消解就是用来确定先设和语篇语境的这种部分联系的机制。架桥消解不同于约束消解和纳入消解的消解机制，但是在架桥消解中又可以找到另外两种机制的某些主要特征，所以架桥消解是一种约束消解和纳入消解相结合的消解机制。在自然语篇中，架桥名词短语有时并不仅仅和语篇语境中的某一个特定的锚地相联系，而是和几个锚地相联系。语境是这些有定名词短语的架桥照应准许条件。架桥照应关系的理论分析方法所使用的语境非常贫乏，这样分析的结果就造成了把架桥照应关系看做是仅和语境中的语言个体相关联。但是在语境丰富的自然语篇的分析中，我们发现架桥名词短语能够和多个锚地建立链接，并且同一个链接关系可以借助语义和修辞等不同的手段来确定。

语篇中信息与信息之间的关系种类繁多，可以被归类为架桥照应关系的种类有限。克拉克是最早对架桥照应关系进行分类的研究者，但是他所提出的架桥照应关系的分类法包含的种类过多，其中的很多类型目前是用不同的方法来处理的。我们提出了架桥照应关系的三个特征。以这三个特征为标准，有些按照克拉克的分类所确定的架桥照应关系类型就可以排除出去了，比如同指关系、抽象照应指称、无定名词短语，以及通过其修饰语和语境产生链接的名词短语。剩下的类型都具有这三个关键的特征，并且可以通过同样或者至少相似的方法来处理。不过我们对表示为“语篇的新信息”和表示为“相关关系”的有定名词短语之间的区分还不是很清楚，这表明了我们对架桥照应关系特征的归纳还不够精确，需要对此作进一步的研究。

第七章
余　论

先设是一种重要的语言现象。随着人们对这种语言现象的了解不断加深，先设的理论研究也从单纯的语义学研究扩展到语义、语用学和句法学三个层面相结合的局面。人们越来越多地通过先设的分析来揭示语言的本质。当前有很多关于先设的理论研究，其中最具影响力的两个理论是约束理论和语境满足理论，其余的理论大多是从这两种理论发展出来的。不过这些理论都不太重视语篇的研究。我们在本书中将先设的约束理论及其相关的理论应用到了自然语境的语篇分析中，并且展示了自然语篇的语料对先设理论研究的重要贡献。

7.1　本书的主要观点

先设这种语言现象的特殊性在于其解读的特殊性，而先设表达形式的正确解读是不可以独立于语境之外的。我们研究中的语境是自然状态下的语境，其内容比通常的理论研究所涉及的语境丰富得多，这有助于更深一步地理解先设这种语言现象。通过对自然语境中各种先设现象的分析，我们可以重新审视评估先设的相关的理论研究，并且可以填补先设的理论研究和在实际语篇应用之间的一些空白。

先设的理论研究一直忽视先设在语篇中的功能研究。本书分析的结果表明，先设的约束理论可以准确地反映出话语参与者对先设信息的理解。不过，代词照应表达形式和先设照应表达形式之间也存在着一定的差别，表现在先设比代词照应语有更多的话语功能。受约束的先设和代词照应表达形式在语篇中起到的语篇效果也有所不同。我们的分析表明，先设表达形式有附加的表达功能，比如它能够以更为精确的方式指称前面语篇中的一个抽象意义，或者通过强调感觉上的平行或对立来取得修辞的效果。此外，先设还有助于对语篇中所提到的信息进行更为精确的总结，使含混的结论更为清晰明了。所有这些功能是代词照应形式所不具备的。同时，由于先设信息的描写内容更丰富，先设信息的使用方式也就更为自由一些。对先设表达形式的语篇功能的揭示和分析有助于对先设的理论研究进行补充，并且能够提出一些新的问题。

本书的分析表明，先设在语篇中的表现取决于击发语的表达形式和先设表达式的语义类。我们按照所击发先设的语义类型可以把击发语分为两类。一类击发语所先设的都是语义抽象的事物。这些击发语主要包括叙实性动词、状态变化动词、强调句式、表示重复意义的词语和表示类同意义的词语。另一类击发语则通常先设语义具体的东西，比如有定描写。目前关于先设的理论主要关注的是击发语之间的相似性，然而我们发现各种击发语的语义特征是有差异的，与语境的联系方式也不同，这样就导致了各种击发语在语篇中的不同表现。

通过分析我们发现，先设的约束消解方式与照应语的消解方式没有什么差别，话语参与者对先设表达式和代词照应表达式的理解方式基本相同。此外，先设的约束消解和纳入消解在真值条件上也没有显著的差别。

约束理论认为先设与代词照应表达形式存在着一个重要差别：如果语篇不能提供一个先行语，那么先设表达式可以通过纳入过程来给自己创造出一个先行语。关于先设的理论普遍认为，先设信息应该是话语参与者所共同拥有的信息，或者是语篇中的背景信息。我们的分析表明，某些类型的击发语，特别是强调句式和有定描写可以有目的地提供听话者未知的信息，而由叙实性动词所击发并且需要被纳入的信息通常也是听话者未知的信息，我们的这个发现和先设理论所提出的观点不同，这也是我们需要在先设理论中补充的论点。

目前各种理论对先设的纳入有多种解释，主要关注的是纳入的动因、纳入的准许条件以及纳入的解读。范·德·森德特提出是先设的描写内容造成了纳入的使用。另一种不同的观点是布鲁特纳和齐瓦特所提出的双向最佳性理论。按照双向最佳性理论的观点，语篇中存在着无须纳入的表达形式，这些表达式会阻碍需要纳入的表达式的使用。这两种不同的观点对纳入消解机制都作出了深入的剖析，并且解决了纳入机制中的许多问题。不过这两种观点应用在自然语篇中的时候还存在问题，因为两者都没有充分考虑到语境和世界知识对纳入的作用。

先设的主流理论都认为，高层次的纳入优先于低层次的纳入。但是我们对语料分析的结果却不能支持这个观点。在有些类型的击发语所击发的先设中，局部纳入和整体纳入的频率相似。不同的先设击发语表现出不同的纳入倾向性。我们认为，先设击发语的语义类型和击发语相关的断言信息，以及所击发的先设信息是否能够成为说话者话语的焦点都可以是造成纳入倾向性差异的原因，这也是我们对先设理论所作的修补意见。

先设的约束理论区分了先设的约束和纳入这两个消解机制，但是这两个消解机制还没有完全反映出先设和语境之间的复杂关系。在语篇中存在着先设信息与语篇语境中的部分的、非完整的联系。这是先设与语篇语境的一种非直接的照应现象，我们称之为架桥照应关系，而先设的照应关系也涉及了架桥照应关系。因此，我们在约束和纳入之外提出一种新的先设消解机制，即架桥消解。架桥消解是一种独立于约束消解和纳入消解的消解机制，但是架桥消解又和另外两种机制有着密切的联系。约束消解和纳入消解在某种程度上都影响着架桥消解机制的形成和操作，所以我们认为架桥消解的实质是一种约束消解和纳入消解相结合的消解机制。

架桥名词短语一般只具有一个锚地，但是在口语语篇中架桥名词短语可以有多个锚地，造成这个现象的原因是语境的作用，因此我们需要修改当前关于架桥结构的语义处理方法，接纳多个锚地的概念，以完善架桥消解机制。

语境是架桥照应关系的准许条件。在语篇中架桥照应关系表现出如下突出的特征。首先，架桥照应关系是先设照应关系的一个子集。其次，架桥照应关系的消解要求引入一个新的语义个体作为话语所指，这反映出架桥消解机制中所固有的纳入消解的特征。最后，架桥照应关系的消解需要通过推断或者修辞关系将这个话语所指与语境中的某个或者数个已经给出的话语所指（即锚地）建立链接联系，这个过程反映出架桥消解机制中约束消解的特征，同时也反映出架桥照应关系中存在多个锚地以及多种链接的现象。

这些特征有助于确定架桥照应关系的集合，并且把其他关系排除出去。这样所得出的集合可以用统一的方法来处理。

7.2 本研究的问题和不足以及将来的研究

先设涉及语言研究的许多领域，而我们的研究只涉及了其中的一部分。另外在我们的研究中还有一些问题无法得到圆满的解释。

在分析每一个单独的例子时我们都需要检查前面整个的语篇语境，因此观察语料所花费的时间甚多，我们分析的语料只能在有限的范围和规模内进行。在语料中击发语的数量和种类还比较少，因此每种类型消解的例子的数量还不够多，有时候使我们无法得出确切的结论。同时有些问题的讨论还不能令人满意，因为例子比较少，所以我们不能确定所讨论的例子是否能够代表先设的普遍表现。如果有更多的带有内嵌的例子的话，我们对高层次纳入的优先性问题就可以更深一步地进行探讨，因为这样的例子可以使我们观察不同类型内嵌的特征，同时也可以使我们观察不同层次的纳入情况。

我们的研究主要集中在具有代表性的先设击发语类型的讨论上，这些击发语从词汇和结构上起着先设击发作用，我们没有涉及音调模式对先设解读的影响。其实音调模式也应该看做是一种特殊的击发语，这是先设研究的另一个大的课题。在口语中重音或者说调核的位置就是信息中心的位置，那么话语参与者就可以有意地通过变换音调重音来取得不同的先设效果（张克定，1995）。另外在内嵌状态下击发的先设和话语中的重音位置之间应该存在着一定的关系，对这个关系进行研究可以帮助我们理解纳入的不同层次的优先性问题。这可以作为今后研究的一个重要课题。

先设的约束理论主要关注的是被击发的先设作为一种照应现象的消解机制。我们目前的研究涉及了先设的约束消解、纳入消解和架桥消解。在语篇的分析中，我们将这三种消解机制进行了单独处理。按照这些机制对先设进行消解时，我们都遇到了对先设照应语的先行成分或者锚地进行确定工作的困难，另外就是各种击发语类型的约束和纳入的优先性问题。总的来说，目前的理论研究还不能很好地解释有些先设信息可以被约束，而有些先设信息则难以被约束这样的消解。另外，先设的消解对语境的依赖程度不同，我们还需要找出一种能够区分语境依赖程度的先设信息分析方法。我们对先设消解机制研究的目标是能够创造出一个统一的消解机制，目的是为了提高听话者对先设解读的精确度。我们认为，先设的使用实际上是几种消解机制的结合，而不仅仅是理想化的约束消解或者纳入消解，这个先设的理想解读过程应该是借助一个统一的消解机制，这个机制是将语义基础与算法结构结合起来的话语表达结构。要达到这个目的，我们不能仅仅依靠语义或者语用理论，还应该将句法理论吸纳进来，成为这三个理论的接口研究。这方面的工作是我们今后努力的方向。

我们目前的研究还不能很好地解释说话者是如何理解先设的纳入信息，以及是如何选择先设的表达形式的，或者为什么优先选择先设的表达形式。这涉及输入语境和先设的生成限制条件之间的关系。我们对这个问题并没有作进一步深入的探讨。一个理想的先设理论不仅能够解释先设的各种消解机制和各种击发语的语义特征，它还是对先设语篇功能的全方位研究，并且确定先设的生成限制条件，这样许多传统理论中所存在的问题就可以得到很好的解决，这也是我们今后努力的方向。

英中术语对照表

abductive approach 诱导方法
accessibility 可及性
accommodation 纳入
anaphor 照应语
anaphora 照应
anchor 锚地
antecedent 先行词，先行语
assertion 断言
associative anaphoric uses 联想照应使用
Axiom on Background 背景的公理
Bidirectional Optimality Theory 双向最佳性理论
binding 约束
Binding Theory 约束理论
bivalent logics 二值逻辑
bridging 架桥照应关系
bridging resolution 架桥消解
buoyancy principle 浮动原则
cancelability 先设的可撤销性
coherence 连贯
common ground 共同知识
compositionality principle 组合性原则
conjunction 合取

consistency 一致性
Construction Type-Theory 类型构建理论
context 语境
context change potential 语境变化函数
Context Satisfaction Theory 语境满足理论
conventional implicature 规约隐含
conversational implicature 会话隐含
definite description 有定描写
discourse deixis 语篇指示词
discourse referent 话语所指
discourse representation structure 话语表达结构
Discourse Representation Theory 话语表达理论
disjunction 析取句
donkey sentence 驴子句
Dynamic Predicate Logic 动态谓词逻辑理论
efforts 努力条件
embedding 内嵌
entailment 蕴涵
entailment operator 蕴涵算子
equality condition 等同性条件
File Change Semantics 文档变化语义理论
filter 启断算子
focus 焦点
free variable check 自由变元核查
global accommodation 整体纳入
hole 通启算子
indirect anaphors 间接性照应语
informativity 信息性
intermediate accommodation 中间纳入
I-principle 信息原则
link 链接
local accommodation 局部纳入

local context 局部语境
logic connectives 逻辑联结词
logic entailment 逻辑蕴涵
long distance anaphora 长距离照应
mapping 映射
matrix DRS 主话语表达结构
modal operator 模态算子
model 模型
negation test 否定测试
non-accommodating alternatives 可替换的非纳入表达形式
non-triggering alternatives 可替换的非击发表达形式
parse constraint 解析限制条件
parse unique 解析独特条件
partial match 偏序关系
plausibility 可能性条件
plug 阻断算子
presupposition 先设
presupposition operator 先设算子
presupposition projection 先设的投射
proposition 命题
PTB 先设测试组
Q-principle 量原则
return pop 重新取回
rhetorical approach 修辞方法
scalar implicature 等级隐含
scope 辖域
segmented DRT 分段话语表达理论
summation 合并
type-shifting 类转化
Update Semantics 更新语义学
world knowledge 世界知识

参考文献

Apotheloz, D. 1999. Interpretations and Functions of Demonstrative NPs in Indirect Anaphora. *Journal of Pragmatics*, 31: 363-397.

Asher, N. 1993. *Reference to Abstract Objects in Discourse*. Dordrecht: Kluwer Academic Publishers.

Asher, N. & A. Lascarides. 1998a. Bridging. *Journal of Semantics*, 15(1): 83-113.

Asher, N. & A. Lascarides. 1998b. The Semantics and Pragmatics of Presupposition. *Journal of Semantics*, 15(3): 239-300.

Atlas, J. 1975. Frege's Polymorphous Concept of Presupposition and Its Role in a Theory of Meaning. *Semantikos*, 1: 29-44.

Atlas, J. 1979. How Linguistics Matters to Philosophy: Presupposition, Truth and Meaning, in C.-K. Oh & D. Dinneen (eds.), *Syntax and Semantics, 11: Presupposition*, New York: Academic Press.

Atlas, J. & S. C. Levinson. 1981. It-Clefts, Informativeness, and Logical Form: Radical Pragmatics (revised standard version), in P. Cole (ed.), *Radical Pragmatics*, New York: Academic Press.

Beaver, D. 1993. The Kinematics of Presupposition, in P. Dekker & M. Stokhof (eds.), *Proceedings of the 8th Amsterdam Colloquium*. ILLC, University of Amsterdam.

Beaver, D. 1994. When Variables Don't Vary Enough, in M. Harvey & L. Santelmann (eds.), *Proceedings of Semantics and Linguistic Theory IV*, Ithca: DMLL Publications, Cornell University.

Beaver, D. 1997. Presupposition, in J. van Benthem & A. ter Meulen (eds.), *Handbook of Logic and Language*. Cambridge, MA: MIT Press.

Beaver, D. 2001. *Presupposition and Assertion in Dynamic Semantics*, Stanford, CA: CSLI Publications.

Blackburn, P. & J. Bos. 1999a. Representation and Inference for Natural Language: A First Course in Computational Semantics.

Blackburn P. & J. Bos. 1999b. Working with Discourse Representation Theory: An Advanced Course in Computational Semantics.

Blutner, R. 2000. Some Aspects of Optimality in Natural Language Interpretation. *Journal of Semantics*, 17(3): 189-216.

Bos, J., P. Buitelaar & A.-M. Mineur. 1995. Bridging as Coercive Accommodation, in *The Workshop Proceedings of Computational Logic for Natural Language Processing* (CLNLP), Edinburgh.

Charolles, M. 1999. Associative Anaphora and Its Interpretation. *Journal of Pragmatics*, 31(3): 311-326.

Chierchia, G. & S. McConnell-Ginet. 1990. *Meaning and Grammar*, Cambridge, MA: MIT Press.

Clark, H. 1975. Bridging, in R. Schank & B. Nash-Webber (eds.), *Theoretical Issues in Natural Language Processing*, Cambridge, MA: MIT Press. Reprint from: P. N. Johnson-Laird & P. C. Wason (eds.), *Thinking*. Cambridge: Cambridge University Press.

Consten, M. 2001. Indirect Anaphora and Deixis in Texts: Domain-Bound Reference and Coherence. *Poster*, *International Workshop on Reference and Coherence*. University of Utrecht, January 11.

Dalrymple, M., S. Shieber & F. Pereira. 1991. Ellipsis and Higher-Order Unification. *Linguistics and Philosophy*, 14:399-452.

Deemter, K. van. 1992. Towards a Generalization of Anaphora. *Journal of Semantics*, 9: 27-51.

Deemter, K. van. & S. Peters. 1996. *Semantic Ambiguity and Underspecification*. Stanford, CA: CSLI Publications.

Delin, J. 1995. Presupposition and Shared Knowledge in it-Clefts. *Language and Cognitive Processes*, 10: 97-120.

Eckert, M. & M. Strube. 2000. Dialogue Acts, Synchronising Units and Anaphora. *Journal of Semantics*, 17(1): 51-89.

Erku, F. & J. K. Gundel. 1987. The Pragmatics of Indirect Anaphors, in J. Verschueren

& M. Bertuccelli-Papi (eds.), *The Pragmatic Perspective: Selected Papers from the 1985 International Pragmatics Conference*, Amsterdam: John Benjamins.

Fraurud, K. 1990. Definiteness and the Processing of NPs in Natural Discourse. *Journal of Semantics*, 7: 395-433.

Fraurud, K. 1992. Situation Reference (What does "it" refer to?). GAP Working Paper No. 24, Hamburg: Fachbereich Informatik, Universität Hamburg.

Frege, G. 1892. Über Sinn und Bedeutung, in *Zeitscrhift für Philosophie unbd Philosophisched Kritik*, 100: 25-50. English translation from P. Geach & M. Black (eds.), *Translations from the Philosophical Writings of Gottlob Frege*, Oxford: Blackwell, 1952.

Fox, B. 1987. *Discourse Structure and Anaphora: Written and Conversational English.* Cambridge: Cambridge University Press.

Gazdar, G. 1979. *Pragmatics, Implicature, Presupposition, and Logical Form.* New York: Academic Press.

Geurts, B. 1999. *Presuppositions and Pronouns* (*Current Research in the Semantics/Pragmatics Interface: Vol 3.*), Oxford: Elsevier Science Ltd.

Geurts, B. 2001. Buoyancy and Strength. *Journal of Semantics*, 17(4): 315-333.

Grice, H. P. 1981. Presupposition and Conversational Implicature, in P. Cole (ed.), *Radical Pragmatics*, New York: Academic Press.

Groenendijk, J. & M. Stokhof. 1991. Dynamic Predicate Logic. *Linguistics and Philosophy*, 14(1): 39-100.

Haviland, S. & H. Clark. 1974. What's New? Acquiring New Information as a Process in Comprehension. *Journal of Verbal Learning and Verbal Behavior*, 13: 512-521.

Hawkins, J. A. 1978. *Definiteness and Indefiniteness*. London: Croom Helm Ltd.

Heim, I. 1982. *The Semantics of Definite and Indefinite Noun Phrases.* Ph. D. thesis, University of Massachusetts, Amherst.

Heim, I. 1983. On the Projection Problem for Presuppositions, in D. Flickinger *et al.* (eds.), *Proceedings of the Second West Coast Conference on Formal Linguistics*, reprinted in S. Davis (ed.), *Pragmatics*, Oxford: Oxford University Press, 1991.

Heim, I. 1992. Presupposition Projection and the Semantics of Attitude Verbs. *Journal of Semantics*, 9: 183-221.

Hobbs, J. 1979. Coherence and Coreference. *Cognitive Science*, 3: 67-90.

Hobbs, J. 1987. Implicature and Definite Reference. Standford: Report No. CSLI-87-99.

Horn, L. 1984. Toward a New Taxonomy for Pragmatic Inference: Q-based and R-based Implicature, in D. Schiffrin (ed.), *Meaning, Form, and Use in Context: Linguistic Applications* (*GURT 1984*), Washington, DC: Georgetown University Press.

Kadmon, N. 2001. *Formal Pragmatics: Semantics, Pragmatics, Presupposition and Focus*. Malden, MA: Blackwell.

Kamp, H. 1981. A Theory of Truth and Semantic Representation, in J. Groenendijk, T. Janssen, and M. Stokhof (eds.), *Formal Methods in the Study of Language*, Amsterdam: Mathematical Center.

Kamp, H. 2001. Computation and Justification of Presuppositions, in M. Bras & L. Vieu (eds.), *Semantics and Pragmatics of Discourse and Dialogue: Experimenting with Current Theories*, Oxford: Elsevier.

Kamp, H. & U. Reyle. 1993. *From Discourse to Logic*. Dordrecht: Kluwer Academic Publishers.

Kamp, H. & A. Rossdeutscher. 1994. DRS Construction and Lexically Driven Inference. *Theoretical Linguistics*, 20: 165-235.

Karttunen, L. 1971. Some Observations on Factivity. *Papers in Linguistics*, 4: 55-69.

Karttunen, L. 1973. Presuppositions of Compound Sentences. *Linguistic Inquiry*, 4(2): 169-193.

Karttunen, L. 1974. Presupposition and Linguistic Context. *Theoretical Linguistics*, 1: 181-194.

Karttunen, L. 1976. Discourse Referents, in J. McCawley (ed.), *Notes from the Linguistic Underground*. New York: Academic Press.

Karttunen, L. & S. Peters. 1979. Conventional Implicature, in C.-K. Oh & D. Dinneen, *Syntax and Semantics, 11: Presupposition*, New York: Academic Press.

Kempson, R. A. 1975. *Presupposition and the Delimitation of Semantics*. Cambridge: Cambridge University Press.

Kiparsky, P. & C. Kiparsky. 1970. Fact, in M. Bierwisch & K. E. Heidolph (eds.), *Progress in Linguistics*, The Hague: Mouton.

Krahmer, E. 1998. *Presupposition and Anaphora*. Stanford, CA: CSLI Publications.

Lascarides, A. & N. Asher. 1993. Temporal Interpretation, Discourse Relations and Commonsense Entailment. *Linguistics and Philosophy*, 16(5): 437-493.

Levinson, S. 1983. *Pragmatics*. Cambridge: Cambridge University Press.

Levinson, S. 1997. Deixis, in P. Lemarque (ed.), *Concise Encyclopedia of Philosophy of Language*, Oxford: Elsevier.

Lewis, D. 1979. Scorekeeping in a Language Game. *Journal of Philosophical Language*, 8: 339-359.

Loebner, S. 1985. Definites. *Journal of Semantics*, 4(4): 279-326.

Matsui, T. 1995. Bridging and Relevance. Ph. D. thesis, University College London.

Piwek, P. & E. Krahmer. 2000. Presuppositions in Context: Constructing Bridges, in P. Bonzon, M. Cavalcanti & R. Nossum (eds.), *Formal Aspects of Context Applied Logic Series, 20*, Dordrecht: Kluwer Academic Publishers.

Poesio, M. & R. Vieira. 1998. A Corpus-Based Investigation of Definite Description Use. *Computational Linguistics*, 24(2): 183-216.

Poesio, M., R. Vieira & S. Teufel. 1997. Resolving Bridging References in Unrestricted Text, in *Proceedings of the ACL'97 Workshop on Operational Factors in Practical, Robust, Anaphora Resolution for Unrestricted Texts*. ACL Madrid, July 7-11.

Prince, E. 1981. Toward a Taxonomy of Given-New Information, in P. Cole (ed.), *Radical Pragmatics*. New York: Academic Press.

Pustejovsky, J. 1991. The Generative Lexicon. *Computational Linguistics*, 17(4): 409-441.

Reinhart, T. 1983. *Anaphora and Semantic Interpretation*. London: Croom Helm; Paperback edition (1984): University of Chicago Press.

Roberts, C. 1989. Modal Subordination and Pronominal Anaphora in Discourse. *Linguistics and Philosophy*, 12(6): 683-721.

Russell, B. 1905. On Denoting. *Mind*, 14(56): 479-493.

Sandt, R. A. van der. 1988. *Context and Presuppositions*. London: Routledge.

Sandt, R. A. van der. 1989. Presupposition and Discourse Structure, in R. Bartsch, J. van Benthem & P. van Emde Boas (eds.), *Semantics and Contextual Expression*, Dordrecht: Foris Publications.

Sandt, R. A. van der. 1992. Presupposition Projection as Anaphora Resolution. *Journal of Semantics*, 9(4): 333-377.

Sandt, R. A. van der & B. Geurts. 1991. Presupposition, Anaphora, and Lexical Content, in O. Herzog & C.-R. Rollinger (eds.), *Text Understanding in LILOG*. Berlin: Springer-Verlag.

Sandt, R. A. van der & B. Geurts. 2001. Too, in *Proceedings of the 13th Amsterdam Colloquium*, December 17-19, *Amsterdam*.

Sells, P. & T. Wasow. 1997. Anaphora, in P. Lemarque (ed.), *The Concise Encyclopedia of Philosophy of Language*, Oxford: Elsevier.

Soames, S. 1989. Presupposition, in D. M. Gabbay & F. Hunter (eds.), *Handbook of Philosophical Logic*, Dordrecht: Reidel.

Spenader, J. 2002. Presupposed Propositions in a Corpus of Dialogue, in K. van Deemter & R. Kibble (eds.), *Information Sharing: Reference and Presupposition in Language Generation and Interpretation*, Stanford, CA: CSLI publications.

Stalnaker, R. C. 1973. Presuppositions, *Journal of Philosophical Logic*, 2(4): 447-457.

Stalnaker, R. C. 1974. Pragmatic Presuppositions, in M. K. Munitz & P. K. Unger (eds.), *Semantics and Philosophy*, New York: New York University Press.

Strawson, P. F. 1950. On Referring, *Mind*, 59: 320-344.

Veltman, F. 1996. Defaults in Update Semantics. *Journal of Philosophical Logic*, 25(3): 221-261.

Vieira, R. & M. Poesio. 2000. An Empirically-Based System for Processing Definite Descriptions. *Computational Linguistics*, 26(4): 539-593.

Vieira, R. & S. Teufel. 1997. Towards Resolution of Bridging Descriptions, in *Proceedings of the ACL Student Session.* Madrid, Spain: Association for Computational Linguistics, July 7-12.

Walker, M. 1996. Limited Attention and Discourse Structure. *Computational Linguistics*, 22(2): 255-264.

Webber, B. 1991. Structure and Ostension in the Interpretation of Discourse Deixis. *Language and Cognitive Processes*, 6(2): 107-135.

Wilson, D. & T. Matsui. 1998. Recent Approaches to Bridging: Truth, Coherence, Relevance. *UCL Working Papers in Linguistics 10*: 173-200.

Winter, Y. 2001. Plural Predication and the Strongest Meaning Hypothesis, *Journal of Semantics*, 18(4): 333-365.

Zeevat, H. 1994. A Speculation on Certain Presupposition Triggers, in P. Bosch & R. A. van der Sandt (eds.), *Focus & Natural Language Processing*, IBM Working Papers of the Institute for Logic and Linguistics, Heidelberg.

Zeevat, H. 1992. Presupposition and Accommodation in Update Semantics. *Journal of Semantics*, 9(4): 379-412.

Zeevat, H. 1997. The Common Ground as a Dialogue Parameter, in A. Benz & G. Jaeger (eds.), *Proceedings of Mundial 1997*, University of Munich.

Zeevat, H. 1998. Contracts in the Common Ground, in *Proceedings of Twendial, the Second International Workshop on the Formal Semantics and Pragmatics of Dialogue*, Twente, the Netherlands.

Zeevat, H. 1999. Explaining Presupposition Triggers, in *Proceedings of the Twelfth Amsterdam Colloquium*, University of Amsterdam.

Zeevat, H. 2003. Explaining Presupposition Triggers, K. van Deemter & R. Kibble (eds.), *Information Sharing*, Stanford, CA: CSLI Publications.

陈　平，1987a，释汉语中与名词性成分相关的四组概念，《中国语文》第2期。

陈　平，1987b，汉语零形回指的话语分析，《中国语文》第5期。

崔希亮，1993，汉语“连”字句的语用分析，《中国语文》第2期。

崔希亮，2001，《语言理解与认知》，北京：北京语言大学出版社。

戴耀晶，2001，汉语疑问句的预设及其语义分析，《广播电视大学学报》第2期。

范　晓、陈　忠，2002，预设和蕴涵，《信阳师范学院学报》第5期。

方　立，1997，《数理语言学》，北京：北京语言大学出版社。

方　立，2000，《逻辑语言学》，北京：北京语言大学出版社。

方　立，2003a，先设的投射，《外国语言文学研究》第3卷第1期。

方　立，2003b，先设的性质，《外国语言文学研究》第3卷第2期。

方　梅，1995，汉语对比焦点的句法表现手段，《中国语文》第4期。

方　梅，2002，指示词“这”和“那”在北京话中的语法化，《中国语文》第4期。

何兆熊，2000，《新编语用学概要》，上海：上海外语教育出版社。

何自然，1988，《语用学概论》，长沙：湖南教育出版社。

何自然、陈明仁，2004，《当代语用学》，北京：外语教学与研究出版社。

胡壮麟，1994，《语篇的衔接与连贯》，上海：上海外语教育出版社。

胡壮麟，2000，《系统功能语法与汉语语法研究》，北京：商务印书馆。

黄华新，2000，《逻辑与自然语言理解》，长春：吉林人民出版社。

姜望琪，2000，《语言学理论及应用》，北京：北京大学出版社。

蒋　严、潘海华，1998，《形式语义学》，北京：中国社科出版社。

蓝　纯，1999，现代汉语预设引发项初探，《外语研究》第3期。

廖秋忠，1992，《廖秋忠文集》，北京：北京语言学院出版社。

刘丹青、徐烈炯，1998，焦点与背景、话题及汉语“连”字句，《中国语文》第4期。

刘　强，2005，先设的本质及其研究，《外语与外语教学》第5期。

刘　强，2007，话语表达理论介绍，《语文学刊》第2期。

陆俭明、马　真，1999，《现代汉语虚词散论》，北京：语文出版社。

吕叔湘，1981，《现代汉语八百词》，北京：商务印书馆。

马　宁，2004，《现代汉语预设触发研究》，吉林大学硕士毕业论文。

潘海华，1996，篇章表述理论概说，《国外语言学》第3期。

彭家法，2006，照应的一般模式及其语用解释，《安徽大学学报》（哲学社会科学版）第30卷第2期。

冉永平，2004，《语义学与语用学：语言与话语中的意义·导读》，北京：北京大学出版社。

沈家煊，1987，“差不多”和“差点儿”，《中国语文》第6期。

沈家煊，1990，语用学与语义学的分界，《外语教学与研究》第4期。

沈家煊，1993，“语用否定”考察，《中国语文》第4期。

石安石，1994，《语义研究》，北京：语文出版社。

涂纪亮 主编，1988，《语言哲学名著选辑（英美部分）》，北京：三联书店。

徐烈炯，1995，《语义学》（修订版），北京：语文出版社。

徐烈炯 主编，1999，《共性与个性》，北京：北京语言大学出版社。

徐盛桓，2001，“预设”新论，《中国语用学研究论文精选》，上海：上海外语教育出版社。

王得杏，1998，《英语话语分析与跨文化交际》，北京：北京语言大学出版社。

王维贤等，1989，《语言逻辑引论》，武汉：湖北教育出版社。

文　炼，2002，蕴涵、预设与句子的理解，《世界汉语教学》第3期。

吴为章，1999，《新编普通语言学教程》，北京：北京广播学院出版社。

徐赳赳，2005，现代汉语联想回指分析，《中国语文》第3期。

殷志平，1997，预设分析与语法研究，《语言学研究》第6期。

袁毓林，2000，论否定句的焦点、预设和辖域歧义，《中国语文》第2期。

张克定，1995，语用预设与信息中心，《外语教学》第2期。

周礼全，2000，几种预设，《周礼全全集》，北京：中国社会科学出版社。

朱德熙，1982，《语法讲义》，北京：商务印书馆。

邹崇理，1998，话语表现理论评述，《当代语言学》第4期。

邹崇理，2000，《自然语言逻辑研究》，北京：北京大学出版社。

左思民，2000，《汉语语用学》，郑州：河南人民出版社。